Band 1

Deutsch im Detail

Sprache und Kommunikation für die Berufsbildung

Markus Gsteiger | Andrea Schweizer

Klett und Balmer Verlag Zug

Deutsch im Detail
Band 1

Autorenteam
Markus Gsteiger und Andrea Schweizer

Fachdidaktischer Berater
Kurt Widmer

Begutachtung durch Berufsschulen
Roger Berchtold und Margrit Fritschi

Grafische Gestaltung
ja DESIGN, Bern
Julie Ting und Andreas Rufer

Korrektorat
Andreas Vonmoos
Terminus Textkorrektur, Luzern

Illustrationen
Fanny Hartmann, Bern
(S. 18 unten, 19, 38, 39, 50 oben, 60)

Ursula Koller, Baden-Rütihof
(S. 17, 18 oben, 27, 43, 45, 50 unten, 52, 59, 66, 123)

Redaktion
Rachel Gratzfeld und Vera Inderbitzin

Redaktionsassistenz
Julia Bethke

2. Auflage 2007
6., unveränderter Nachdruck 2013
Alle Drucke dieser Auflage können im Unterricht nebeneinander verwendet werden.

ISBN 978-3-264-83693-6

Besuchen Sie unsere Homepage unter www.klett.ch
oder kontaktieren Sie uns per E-Mail: info@klett.ch
oder redaktion@klett.ch

Piktogramme

- schriftliche Aufgabe
- schriftliche Aufgabe auf separates Blatt
- mündliche Aufgabe
- Gruppen- oder Partneraufgabe
- ! Darauf achte ich

Vorwort

Deutsch verstehen, sprechen und schreiben: Erst von dieser Grundlage aus lassen sich die verschiedenen Fachbereiche im Berufsleben oder in der Schule erschliessen. Wer gut kommuniziert, hält deshalb den Schlüssel zum beruflichen Erfolg in der Hand.

Deutsch im Detail vermittelt die Kompetenz, erfolgreich zu kommunizieren, auf drei verschiedenen Ebenen:

Stark in Kommunikation

Jedes Modul behandelt jeweils eine Fertigkeit, die für die erfolgreiche mündliche oder schriftliche Kommunikation entscheidend ist, zum Beispiel *Sich und andere vorstellen*, *Argumentieren und überzeugen* oder *Frei und sicher präsentieren*. Nach einem lockeren Einstieg, dem Warm-up, werden einerseits die wichtigsten Kenntnisse zum Thema vermittelt, andererseits wenden die Lernenden diese Kenntnisse in praxisbezogenen Aufgaben an. Das Lernziel ist zu Beginn eines Moduls klar definiert; am Schluss des Moduls erhalten die Lernenden die Möglichkeit zur Selbstbeurteilung. Die Module sind voneinander unabhängig und können in beliebiger Reihenfolge bearbeitet werden.

Nah am Text

Lesen, das Gelesene verstehen und verarbeiten – dies ist Voraussetzung dafür, dass die Lernenden den Anforderungen der beruflichen Ausbildung genügen. Aber Lesen soll auch Spass machen und Lust auf mehr wecken. Das Kapitel enthält informative Lesetexte zu ansprechenden Themen; gleichzeitig will es auch unterhalten, zum Lesen und zum Schreiben anregen.

Sicher im Ausdruck

In diesem Teil werden die Lernenden in kleinen Schritten zum korrekten sprachlichen Ausdruck angeleitet. Das Schwergewicht liegt auf den Übungen, die Anwendung der Sprache steht im Vordergrund. Aber ganz ohne Theoriekenntnisse kommt niemand aus, sei es bei der Rechtschreibung oder bei der Kommasetzung. Den Abschluss eines jeden Kapitels bildet ein Test, mit dem die erworbenen Kenntnisse selbstständig überprüft werden können.

Nun liegt es an Ihnen, die Schlüsselkompetenz «Kommunikation» zu erwerben.
Wir wünschen Ihnen dabei viel Freude und Erfolg.

Markus Gsteiger   Andrea Schweizer

Inhaltsverzeichnis

Stark in Kommunikation

Nah am Text

Sicher im Ausdruck

Anhang

1 Sich und andere vorstellen

Lernziel: Ich kann mich oder eine andere Person klar und situationsgerecht vorstellen – sowohl im mündlichen wie auch im schriftlichen Sprachgebrauch.

Warm-up

Fragebogen wie der unten stehende waren in den Salons der Vergangenheit ein beliebtes Gesellschaftsspiel, das die Gebildeten unterhielt. Spielen Sie es weiter und füllen Sie den Fragebogen aus.

Georg Melchior Kraus: Abendgesellschaft bei der Herzogin Anna Amalia von Sachsen-Weimar, 1795

Ihr Name: ....

Ihre berufliche Tätigkeit (Lehrbetrieb): ....

Was wäre für Sie das grösste Unglück? ....

Wo möchten Sie leben? ....

Was ist für Sie das vollkommene irdische Glück? ....

Welche Fehler entschuldigen Sie am ehesten? ....

Ihre Lieblingsbeschäftigung? ....

Ihr Hauptcharakterzug? ....

Was schätzen Sie bei Ihren Freunden am meisten? ....

Ihr bisher grösster Fehler? ....

Ihr Traum vom Glück? ....

Was möchten Sie sein? ....

Ihre Lieblingsfarbe? ....

Ihre Lieblingsnamen? ....

Was verabscheuen Sie am meisten? ....

Welche natürliche Gabe möchten Sie besitzen? ....

Ihr Motto? ....

Nach: F.A.Z. Fragebogen

Sich und andere mündlich vorstellen

Sich selbst oder andere vorstellen – ganz einfach? Nur wenn man weiss, worauf es ankommt. Was man dabei erwähnt und wie man es mitteilt, hängt von der Situation ab. So stellen Sie sich Ihrem neuen Chef auf andere Weise vor als den Mitgliedern einer Jugendgruppe, in der Sie neu mitmachen. In diesem Kapitel lernen Sie ein paar Verhaltensregeln, die Sie in verschiedenen Situationen anwenden können.

! Wenn Sie sich oder andere vorstellen, achten Sie auf:

- Freundlichkeit
- Blickkontakt
- deutliches Sprechen

Aufgabe 1

Sie stehen am Anfang Ihrer Berufsschulzeit und kennen Ihre Klasse noch nicht so gut. Stellen Sie einen Schüler/eine Schülerin aus der Klasse kurz vor (2 bis 3 Minuten) und lassen Sie sich von derselben Schulkollegin/demselben Schulkollegen vorstellen.
In der Kurzpräsentation soll nicht nur auf rein Sachliches wie Lehrbetrieb oder Wohnort eingegangen werden. Zur Vorbereitung der Präsentation dient Ihnen:

- der ausgefüllte Fragebogen vom Warm-up;
- ein kurzes Gespräch, in dem Sie um Ergänzungen zum Fragebogen bitten.

Tipp: Bereiten Sie einen interessanten oder witzigen Einstieg vor.
Beispiel:
«Weiss jemand, was eine *bufo viridis laurenti* ist? – Kevin Halter weiss es. Er hat so ein Ding bei sich zu Hause. Auf Deutsch nennt man es Wechselkröte.»

Kleiner Knigge für den Berufsalltag

Sich selbst vorstellen
Lächeln Sie und blicken Sie Ihr Gegenüber offen an. Nennen Sie deutlich Ihren Namen: «Guten Tag, ich heisse ...» oder: «Guten Tag, mein Name ist ...» Manchmal ist es auch angebracht, mit weiteren Angaben zu ergänzen, wie z.B.: «Ich bin der neue Lehrling» oder: «Ich arbeite neu im Aussendienst.»

Fremde einander vorstellen
Auch hier gilt es, die Leute vor allem freundlich anzublicken. Beim Vorstellen gelten die folgenden Regeln:

- der Mitarbeiter wird dem Vorgesetzten vorgestellt;
- die offensichtlich jüngere Person wird der älteren vorgestellt.

Sich und andere schriftlich vorstellen – das Porträt

In diesem Abschnitt lernen Sie, was ein Porträt ist und wie Sie selbst eines verfassen können, das die Leser anspricht.

Was ist ein Porträt?

In einem Porträt wird eine Person vorgestellt. Dabei wird je nachdem die private oder die berufliche Seite besonders gewichtet. Grundlage für ein Porträt ist oft eine persönliche Begegnung und/oder ein Interview.

Wo kommen Porträts vor?

Porträts findet man in Zeitungen, Zeitschriften, im Internet, in Vereinsblättern, in firmeninternen Informationsbroschüren oder in Werbebroschüren, in denen sich z.B. der neue Besitzer einer Drogerie seinen Kunden vorstellt.

Wie sind Porträts verfasst?

Inhalt und Stil des Porträts hängen stark davon ab, an wen sich der Text richtet und in welchem Zusammenhang er verfasst wird: Richtet sich das Porträt an Kunden oder an Vereinskameraden? Soll es unterhalten und/oder sachlich informieren?

Diese Bereiche können in einem Porträt vorkommen:

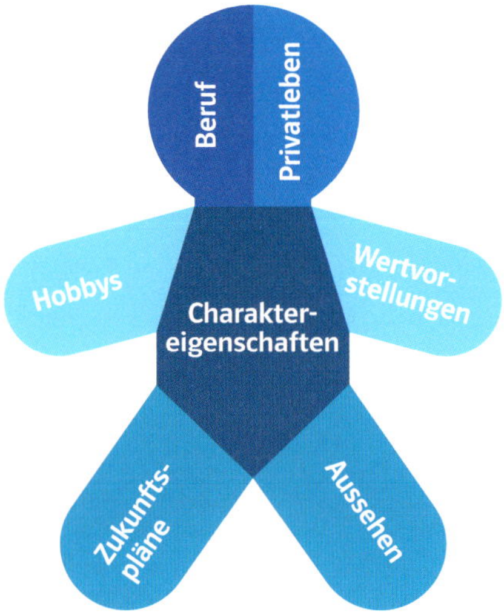

In der Folge erfahren Sie, wie Sie ein ansprechendes Porträt verfassen.

Titel

Im Titel finden sich folgende Angaben:

- evtl. die Bezeichnung «Porträt» oder «Persönlich»;
- Name der Person;
- ein Hinweis, der neugierig macht und zum Lesen anregt.

Beispiel 1: mit Zitat

Lehrlingsporträt
Maria Bratsos: «Mal sehen, wohin mich die Zukunft führt ...»

Beispiel 2: mit gerafftem, aussagekräftigem Hinweis

Marcel Weber, Stv. Geschäftsführer
Ihn bringt so leicht nichts aus der Ruhe

Direkte Rede

Sparsam und gezielt eingesetzte direkte Rede macht ein Porträt lebendiger – vor allem dann, wenn Sie besonders typische und aussagekräftige Äusserungen zitieren. Achten Sie dabei auf eine korrekte Zeichensetzung.

Beispiele

«Beim Basketballspielen ist meine Körpergrösse von grossem Nutzen», meint der junge Rayonleiter.
«Ich mag es, wenn etwas läuft», erzählt er, «lange stillsitzen liegt mir gar nicht.»

Weniger zu empfehlen ist die Voranstellung der Quellenangabe mit Doppelpunkt, da dies schwerfällig wirkt.

Beispiel

Domenic Boesch sagt: «Ich bin kein Wintersportler.»

Besser

«Ich bin kein Wintersportler», sagt Domenic Boesch lachend.

Gliederung

- Bauen Sie Ihr Porträt sinnvoll auf, indem Sie zum Beispiel einen Lebensbereich nach dem anderen vorstellen. Grundlegende Informationen (wie z.B. beruflicher Werdegang, Alter, Wohnort) stehen an erster Stelle.
- Machen Sie einen Abschnitt, wenn etwas Neues kommt.
- Sie können Ihren Text mit Zwischentiteln gliedern.

Aufgabe 2

Lesen Sie das Kurzporträt von Yvo d'Agostino. Setzen Sie die fehlenden Satzzeichen, um die direkte Rede sichtbar zu machen.

Kurzporträt

Yvo d'Agostino, Hauptverantwortlicher für Backwaren und Molkereiprodukte

Er liebt seine Arbeit und sieht die berufliche Zukunft im Detailhandel

Im Sommer hat er die Detailhandelslehre mit Bestnote abgeschlossen. Die Ausbildung bei Coop war eine goldrichtige Entscheidung sagt Yvo d'Agostino rückblickend. Bald wird der 21-Jährige die Verkaufsstelle Seuzach verlassen, um an einer anderen Stelle mehr Verantwortung zu übernehmen. Er brennt darauf, weitere Erfahrungen im Detailhandel zu machen. Bereits überlegt er sich, welche Weiterbildung er in Angriff nehmen will. Einen Teil seiner Freizeit verbringt der in Seuzach aufgewachsene gebürtige Italiener mit der Pflege seines 200-Liter-Aquariums. Ein teures Hobby meint er lachend. Er hat sich auf asiatische Gurami-Fische spezialisiert. Sie scheinen sich bei mir wohl zu fühlen und danken die Pflege mit einem langen Leben.

Coopzeitung, 8. September 2004

Aufgabe 3

Das Porträt von Maria Bratsos ist in der Ich-Form verfasst, obwohl Maria Bratsos es nicht selbst geschrieben hat. Eine Journalistin hat aus einem Interview diesen Text verfasst. Die Ich-Form wird häufig für Porträts in Zeitungen oder Zeitschriften verwendet.
Im unten stehenden Porträt fehlen die Abschnitte. Markieren Sie mit Querstrichen, wo Sie Abschnitte machen würden, und geben Sie den Abschnitten passende Titel.

Maria Bratsos: «Mal sehen, wohin mich die Zukunft führt ...»

Sternzeichen: Fisch

Hobbys: Singen, tanzen, diskutieren, lesen, meine ersten Versuche auf dem Skateboard machen

Wunschtraum: Einen Job haben, der Spass macht, etwas aus meiner Stimme herausholen

Lehrstelle: Vetropack AG, Bülach

Die Vetropack AG ist ein (Glas-)Produktionsbetrieb. Während meiner Lehre erhalte ich in Abteilungen wie Verkauf, Export, Buchhaltung, Personal etc. einen Einblick. Als ich vor drei Monaten in die Buchhaltungsabteilung eingeteilt worden bin, hatte ich so meine Zweifel. Aber inzwischen, und das hätte ich nicht gedacht, macht es mir sogar richtig Spass. Jedes Mal, wenn ich einen Beleg richtig kontiert und verbucht habe, ist es ein Erfolgserlebnis für mich. Da ich viele Interessen habe, bin ich mir noch nicht schlüssig, wie meine berufliche Zukunft letztlich aussehen wird. Ich weiss, das klingt jetzt vielleicht naiv, aber ich würde gern etwas tun, was für die Natur oder für andere Menschen von Wichtigkeit ist. Auf jeden Fall muss ich meine Einstellung und meine Prinzipien zum Ausdruck bringen können. Ich könnte z.B. nie ein Tier für den Eigengebrauch töten. Deshalb bin ich überzeugte Vegetarierin und versuche auch, jegliches Leder in Kleidung, Schuhen etc. zu vermeiden. In die Schule gehe ich eigentlich recht gern. Das liegt weniger am «spannenden» Unterricht als vielmehr daran, dass unsere Klasse ausschliesslich aus «zwääge Lüüt» besteht. Wir haben ein gutes Verhältnis zueinander, vor allem seit wir aus unserem Frankreich-Aufenthalt zurück sind. So etwas schweisst einen eben schon zusammen. Mein Leben ausserhalb des Berufsalltags spielt sich in der Stadt Bülach ab. Hier wohne ich zusammen mit meinen Eltern in einer Wohnung im «Stedtli». In meiner Freizeit liebe ich es, mit meinen Kollegen intensive Gespräche zu führen. Bei Themen, die mir wichtig sind, argumentiere ich dementsprechend engagiert. An Schlagfertigkeit mangelt es mir auch nicht, meistens gespickt mit einer gewissen Ironie. Was mir ebenfalls wichtig ist: «Back to the roots.» Ich bin nämlich Griechin, habe aber meine Herkunft in meinem bisherigen Leben ziemlich vernachlässigt. Nun habe ich nach der Lehre vor, eine längere Griechenland-Rundreise zu machen, um mein Griechisch wieder etwas aufzufrischen. Wer weiss, vielleicht wandere ich eines Tages doch aus? Mal sehen, wohin mich die Zukunft führt ...

Nach: infos, das Magazin für junge Kaufleute in Aus- und Weiterbildung

Selbst- und Fremdbeurteilung: Sich und andere vorstellen

1 Wählen Sie eine der vier folgenden Aufgaben. Verfassen Sie ein Porträt

a | von sich selbst;

b | eines Klassenkollegen/einer Klassenkollegin;

c | eines Jugendlichen, der ausländische Wurzeln hat, nun aber in der Schweiz lebt (vgl. «Ich musste mich schon früh rechtfertigen, dass ich überhaupt da bin!», S. 106/107);

d | Ihres Lehrlingsbetreuers/Ihrer Lehrlingsbetreuerin.

2 Stellen Sie sich vor, Sie schreiben das Porträt für eine Klassenzeitung. Falls Sie die Aufgabe b, c oder d wählen, führen Sie vorgängig ein Interview mit der Person durch (vgl. S. 12ff.). Beziehen Sie möglichst viele Lebensbereiche in Ihr Porträt ein.

Ein Beispiel eines ausführlichen und gut gegliederten Porträts finden Sie auf den Seiten 88/89 («Ich könnte tagelang Traktor fahren»).

1 = trifft immer zu
2 = trifft meistens zu
3 = trifft kaum zu
4 = trifft nie zu

	Selbstbeurteilung				Fremdbeurteilung			
	1	2	3	4	1	2	3	4
Die Person wird umfassend und mit ihren typischen Merkmalen vorgestellt.	☐	☐	☐	☐	☐	☐	☐	☐
Der Text ist sinnvoll aufgebaut und in Abschnitte gegliedert. Die verschiedenen Lebensbereiche werden nicht gemischt.	☐	☐	☐	☐	☐	☐	☐	☐
Fremdporträt: Ich setze die direkte Rede gezielt und korrekt ein.	☐	☐	☐	☐	☐	☐	☐	☐
Der Text hat einen sinnvollen und ansprechenden Titel.	☐	☐	☐	☐	☐	☐	☐	☐
Die Wortwahl ist treffend.	☐	☐	☐	☐	☐	☐	☐	☐
Der Text ist sprachlich korrekt (Grammatik, Rechtschreibung, Zeichensetzung).	☐	☐	☐	☐	☐	☐	☐	☐

Wo gibt es Schwächen?

....

....

....

2 Interviewen

Lernziel: Ich wende geeignete Fragetechniken an und weiss, wie ich ein Interview vorbereiten und durchführen kann. Diese Fähigkeiten kann ich zum Beispiel im Rahmen einer Facharbeit einsetzen.

Warm-up

Die folgenden Fragen haben Schüler in Interviews ihren Lehrlingsbetreuern gestellt. Welche finden Sie geeignet, welche weniger? Begründen Sie.

Was erwarten Sie von einem Lehrling?

Herr Vontobel, Sie führen nur einmal pro Jahr ein kurzes Gespräch unter vier Augen mit Ihrem Lehrling. Machen Sie Ihre Arbeit gut?

Gibt es Ihres Erachtens Unterschiede zwischen den Lehrlingen von heute und denjenigen vor zwanzig Jahren?

Wie viel verdienen Sie?

Ein Kurzinterview über das Interview

Frage: Was ist ein Interview?
Antwort: Der Begriff «Interview» ist Englisch und meint Befragung oder Besprechung. Ein Interviewer stellt Fragen und leitet das Gespräch, die interviewte Person antwortet.

F: Welche Unterschiede gibt es zwischen einem gedruckten und einem gesendeten Interview?
A: Bei einem vom Fernsehen oder Radio gesendeten Interview spielt auch die Sprechweise eine Rolle, beim Fernsehen kommen noch Gestik und Mimik hinzu. In einem gedruckten Interview erfährt der Leser nur die schriftlich aufgezeichneten Worte. Gestik und Mimik können höchstens in Klammerbemerkungen angedeutet werden.

F: Was ist ein Rechercheinterview?
A: Es dient zur Beschaffung von Informationen. Beispiele:
- Ein Journalist befragt einen Arzt für eine Reportage zum Thema «Doping».
- Ein Berufsschüler recherchiert für eine Facharbeit zum Thema «Autostopp» und befragt eine Polizistin. Er stellt in der Facharbeit die Resultate vor, druckt das Interview aber nicht 1:1 ab.

  Das Rechercheinterview unterscheidet sich von einem Interview, bei dem es darum geht, eine Person bzw. deren Ansichten zu einer Sache vorzustellen. Dieses wird dann in der Regel auch ganz abgedruckt.

F: Was unterscheidet die Umfrage vom Interview?
A: Die Umfrage sammelt wie das Interview Sachauskünfte oder Meinungsäusserungen. Die Umfrage stellt jedoch dieselbe Frage an mehrere Personen, während das Interview mehrere Fragen an eine Person stellt. Umfragen in der Markt- oder Meinungsforschung sind darum bemüht, möglichst repräsentativ zu sein, d.h., sie sollten ein möglichst genaues Abbild der Realität geben.

Fragetechnik

1. Unterscheiden Sie offene und geschlossene Fragen.

Geschlossene Fragen lassen sich mit «ja» oder «nein» beantworten.

Beispiel
F: Frau Ammann, sind Sie stolz auf Ihre Mitarbeiter?
A: (zögert) Ja, doch.

Vorteil: Geschlossene Fragen verhindern, dass die Befragten zu sehr vom Thema abweichen. Nachteil: Problematisch sind sie bei wortkargen Gesprächspartnern.

Offene Fragen beginnen mit einem Fragewort («warum», «wie», «wann» usw.).

Beispiel
F: Was wollen Sie als Personalchefin in der Firma anders machen als Ihr Vorgänger?
A1: Ich will mehr Mitarbeitergespräche durchführen. Ausserdem soll die Tür meines Büros ständig offen sein – als Zeichen für mehr Transparenz und zur Förderung der Kommunikation.
A2: Nun ja, natürlich wird es ein paar Neuerungen geben, das ist klar. Als Erstes möchte ich mich in den neuen Aufgabenbereich einarbeiten, das scheint mir wichtig zu sein.

Vor- und Nachteil: Die Interviewte hat viel Freiraum, könnte aber dem Kern der Sache auch ausweichen, so wie im zweiten Antwortbeispiel.

Aufgabe 1

1 | Ändern Sie die offenen Fragen in geschlossene um und umgekehrt. So finden Sie heraus, wie die Fragen dem Fussballtrainer Jürgen Seeberger tatsächlich gestellt worden sind.

- «Warum war der Sieg gegen den FC Basel vom vergangenen Sonntag ein grosser Sieg des FC Schaffhausen?»
- «Sie wirken ziemlich nüchtern und zielgerichtet. Wann können Sie sich überhaupt freuen?»
- «Finden Sie Hierarchien gut?»

2 | Auszug aus einem Interview mit Jürgen Seeberger.
Wo ist die offene Frage besser, wo die geschlossene? Achten Sie auf die Antworten. Begründen Sie Ihre Entscheidung.

Stellen Sie die Mannschaft nach Kriterien zusammen? / Nach welchen Kriterien stellen Sie die Mannschaft zusammen?

Jürgen Seeberger:
Entscheidend ist für mich das persönliche Gespräch mit dem Spieler. Ich verpflichte einen Spieler nur, wenn ich von seinen charakterlichen Qualitäten überzeugt bin. Er soll ein guter Fussballer sein, aber er muss auch mit der Mannschaft leben können – und er muss bezahlbar sein.

Ist es Ihr Ziel, dereinst so erfolgreich wie die Trainer Hitzfeld oder Gross zu werden? / Wie sehr ist es Ihr Ziel, dereinst so erfolgreich wie die Trainer Hitzfeld oder Gross zu werden?

Ich bin nicht vermessen, ich will mich in keinem Moment mit ihnen vergleichen. Aber jeder Trainer strebt danach, möglichst gute Fussballer führen zu können. Und aus ihnen eine Mannschaft zu entwickeln, die erfolgreich ist. (Lacht.) Nein, dagegen würde ich mich nicht sträuben.

Nach: Peter Bühler: «Es ist meine Aufgabe, Vertrauen zu vermitteln»

Suggestivfragen drängen den Interviewpartner in eine bestimmte Richtung oder nötigen ihn, eine bestimmte Antwort zu geben. Oftmals nehmen sie die Form von Behauptungen an.

Beispiel: «Sie meinen sicher auch, dass Sie da einen grossen Fehler begangen haben?»

2. Formulieren Sie klar, präzise und freundlich.

- Stellen Sie keine unfreundlichen, brüskierenden Fragen.
- Vermeiden Sie Fragen zu allzu privaten Angelegenheiten (Privatleben, Einkommen).
- Stellen Sie keine Suggestivfragen.
- Formulieren Sie klar und präzise.

Aufgabe 2

Verbessern Sie die folgenden Fragen, die ein Journalist einem vor dem Konkurs stehenden Geschäftsmann gestellt hat. Formulieren Sie genauer und/oder freundlicher. Welche Fragen müssen gestrichen werden?

1 | Was ist geschehen?
2 | Sie sind sicher auch der Meinung, dass Sie früher hätten handeln sollen.
3 | Was machen Sie?
4 | Weshalb haben Sie versagt?
5 | Hat Ihre Frau Sie wegen des Konkurses verlassen?

Ein Interview vorbereiten und durchführen

Recherchieren

Informieren Sie sich vor dem Interview ausreichend, indem Sie:
- Fachliteratur studieren;
- Angaben über die Person und ihre Institution/Firma usw. einholen.

Nur wer informiert ist, kann auch gezielte Fragen stellen.

Die Anfrage

- Achten Sie auf Höflichkeit.
- Notieren Sie sich den Namen und informieren Sie sich genau über die Tätigkeit der Person.
- Erklären Sie der ausgewählten Person, aus welchem Grund und unter welchen Bedingungen Sie ein Interview mit ihr durchführen wollen (z.B. mit Aufnahmegerät).

Vorbereiten der Interviewfragen

- Formulieren Sie die Fragen am Bildschirm oder auf Karteikarten.
- Ordnen Sie die Fragen nach Themengebieten und bestimmen Sie die Reihenfolge. Bereiten Sie für die «Aufwärmphase» unproblematische Fragen vor oder Fragen, die das Eis brechen.

Durchführen des Interviews

- Jemand – vielleicht ein Unbekannter – nimmt sich Zeit für Sie. Wenn Sie der Person freundlich begegnen, gibt sie Ihnen ausführlichere Antworten.
- Hören Sie aufmerksam zu und lassen Sie die interviewte Person ausreden.
- Stellen Sie nicht mehrere Fragen auf einmal, da dies die interviewte Person verwirrt.
- Lenken Sie das Interview. Fragen Sie bei unklaren Antworten nach («Wie meinen Sie das?»).
- Bedanken Sie sich für das Gespräch.

Aufgabe 3

1 | Suchen Sie in einer Zeitung oder einer Zeitschrift ein Interview. Welche Informationen werden der ersten Frage vorangestellt? Wie ist das Interview insgesamt dargestellt?

2 | Führen Sie ein Interview mit Ihrem Lehrlingsbetreuer durch und halten Sie es schriftlich oder mit einem Aufnahmegerät fest.

3 | Schreiben Sie das Interview auf dem Computer. Lassen Sie sich bezüglich der Darstellung vom Zeitungs- oder Zeitschrifteninterview inspirieren.

Selbstbeurteilung: Interviewen

Partnerarbeit: Führen Sie ein Interview mit einem Klassenkollegen/einer Klassenkollegin durch und lassen Sie sich von ihm/ihr interviewen. Ziel: Sie sollen die interviewte Person (Wohn- und Arbeitsort, Freizeit usw.) sowie ihre Ansichten zu Beruf und Schule vorstellen.

Vorgehen:

1. Bereiten Sie eine Vielzahl von Fragen vor (vgl. «Vorbereiten der Interviewfragen», S. 15).
2. Beurteilen Sie Ihre Fragen mit Hilfe des Selbstbeurteilungsbogens:

	trifft immer zu	trifft meistens zu	trifft kaum zu	trifft nie zu
Ich habe offene und geschlossene Fragen sinnvoll gemischt.	☐	☐	☐	☐
Meine Fragen sind freundlich.	☐	☐	☐	☐
Ich formuliere klar und präzise.	☐	☐	☐	☐
Meine Fragen sind logisch nach Themengebieten geordnet.	☐	☐	☐	☐
Meine Fragen eignen sich dazu, die Person umfassend vorzustellen.	☐	☐	☐	☐

3. Führen Sie das Interview durch. Halten Sie dabei die Antworten des Interviewten schriftlich fest.
4. Schreiben Sie das Interview auf dem Computer und zeigen Sie es der interviewten Person. Diese kann inhaltliche Korrekturen anmerken.

3 Frei und sicher präsentieren

Lernziel: Ich weiss, worauf ich bei einfachen Präsentationen achten muss. Ich rede frei und zuhörerorientiert. So wirke ich überzeugend und erreiche mein Ziel.

Warm-up

1 | Stellen Sie sich vor die Klasse und reden Sie über etwas, was Sie gut kennen: ein Hobby, Ihre Familie, eine Reise, ein kürzlich gelesenes Buch ...
Vorbereitungszeit: 2 Minuten
Redezeit: 2 Minuten
Hilfsmittel: keine – auch keine Notizen!

2 | Geben Sie einem Kollegen/einer Kollegin ein Feedback zum Auftritt. Nennen Sie einen positiven und einen negativen Punkt. Gehen Sie dabei nach dem folgenden Schema vor:

Beobachtung 1	Wirkung (positiv)
Du hast das und das gesagt / gemacht.	Das hat auf mich so und so gewirkt.
....	....

Beobachtung 2	Wirkung (negativ)
Du hast das und das gesagt / gemacht.	Das hat auf mich so und so gewirkt.
....	....

Also ... los gehts!

> Was macht einen guten Redner oder eine gute Rednerin aus? In älteren Rhetorik-Büchern finden sich genaue Vorschriften zu Stimmführung, Gestik, Mimik, Körperhaltung. Inzwischen sind die Fachleute der Meinung, dass am meisten überzeugt, wer möglichst natürlich und echt wirkt.
> Es geht also nicht darum, möglichst perfekt zu sein.
> Bleiben Sie einfach sich selbst. Entscheidend ist es allerdings, grobe Fehler zu vermeiden.

Rhetorik:
Kunst des Redens; Wissenschaft, die sich mit der Redekunst beschäftigt

Stimmführung (Intonation):
Gestaltung von Höhe, Lautstärke und Satzmelodie beim Sprechen

Gestik:
Haltung und Bewegungen der Hände, der Arme und des Körpers

Mimik:
Veränderungen im Gesichtsausdruck

Das sind die fünf häufigsten Fehler bei Präsentationen:

- Der Einstieg ist langweilig und unpersönlich.
- Ein richtiger Schluss fehlt.
- Die Präsentation ist nicht gegliedert.
- Der Blickkontakt mit dem Publikum fehlt.
- Die Sprache ist schwer verständlich.

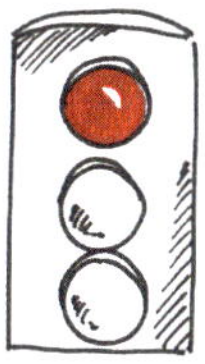

!
- ansprechender Einstieg
- überzeugender Schluss
- klare Gliederung
- Blickkontakt
- verständliche Sprache

Wer auf die folgenden fünf Punkte achtet, kann nicht viel falsch machen:

- Ich gestalte den Einstieg ansprechend.
- Ich denke mir einen überzeugenden Schluss aus.
- Ich gliedere den Inhalt meines Vortrags sinnvoll.
- Ich schaue die Zuhörerinnen und Zuhörer an.
- Ich spreche frei und leicht verständlich.

Der gestaltete Einstieg

Ein ansprechender Einstieg motiviert das Publikum, aufmerksam zuzuhören. Und: *Man hat nur einmal Gelegenheit, einen guten ersten Eindruck zu machen!*

Beginnen Sie nicht so:	Begründung:
A) «Ich möchte/ich werde Ihnen etwas über mein Hobby erzählen, das Fallschirmspringen.»	Ankündigung mit «ich möchte» oder «ich werde»: Ist überflüssig, fantasielos und wirkt langweilig.
B) «Leider hatte ich nur wenig Zeit, meinen Vortrag über das Fallschirmspringen vorzubereiten. Ich hoffe, er ist trotzdem nicht allzu langweilig.»	Entschuldigungen sind die schlechteste Art zu beginnen. Wie werden die Zuhörer reagieren?
C) «Ähhh, hallo zusammen, ähhh ja, mein Vortrag handelt von meinem, ähh, liebsten Hobby, dem ... Fallschirmspringen.»	So hört sich ein unvorbereiteter Einstieg an. Was lässt dies für den Rest des Vortrages erwarten?

Rhetorische Frage:
eine Frage, auf die keine Antwort erwartet wird. «Wie würdet ihr euch fühlen, 1000 Meter über dem festen Boden, nur mit einigen Gurten an einem Fallschirm befestigt?»

Provokation:
etwas sagen, was die Zuhörerschaft aus der Reserve lockt. «Jetzt seid mal ehrlich, hättet ihr nicht ganz einfach Schiss?»

Anekdote:
kurze, humorvolle Geschichte, welche eine Persönlichkeit charakterisiert. «Auf die Frage, warum er so alt geworden sei, antwortete der britische Premierminister Winston Churchill: First of all: no sports!»

So könnte ein ansprechender Vortragsbeginn aussehen:

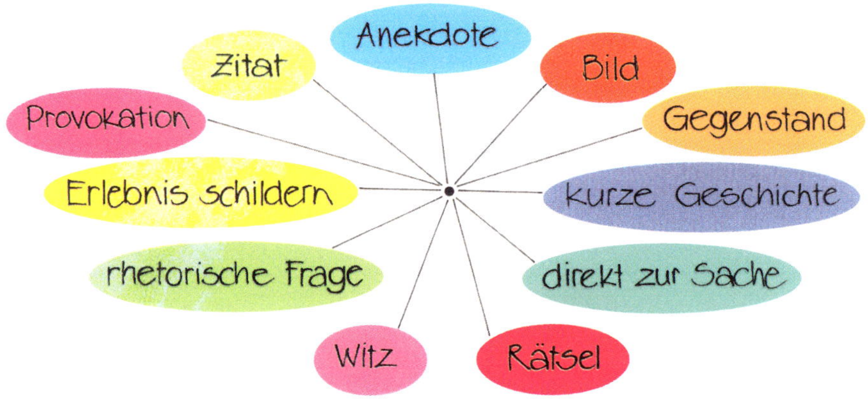

Aufgabe 1

Entwerfen Sie in Gruppen zwei verschiedene, attraktive Einstiegsmöglichkeiten zu einem der unten stehenden Themen. Notieren Sie genau, was Sie während der ersten 30 Sekunden des Vortrags sagen und tun würden.

Rettet den Regenwald! / Es gibt keine Männer- und Frauenberufe!
Handy – Fluch oder Segen? / Mein Traum-Ferienziel
Ein überzeugendes Produkt / Karriere um jeden Preis?

Der gestaltete Schluss

Den Schluss nehmen die Zuhörerinnen und Zuhörer als bleibenden letzten Eindruck von der Präsentation mit.

Beenden Sie Ihre Präsentation nicht so:	Begründung:
A) «Ich bin fertig.» «Das wärs.» «Das ist alles.»	So hört sich ein Verlegenheitsschluss an.
B) «Damit ist mein Vortrag zu Ende. Als Letztes möchte ich noch sagen, dass ...»	Wer den Schluss gleich mehrmals ankündigt, löst negative Reaktionen aus.
C) «Es tut mir leid, dass es mit dem Video nicht geklappt hat.»	Zum Schluss eine Entschuldigung: Soll dies wirklich der bleibende letzte Eindruck sein?

Einige Vorschläge zur Gestaltung des Schlusses:

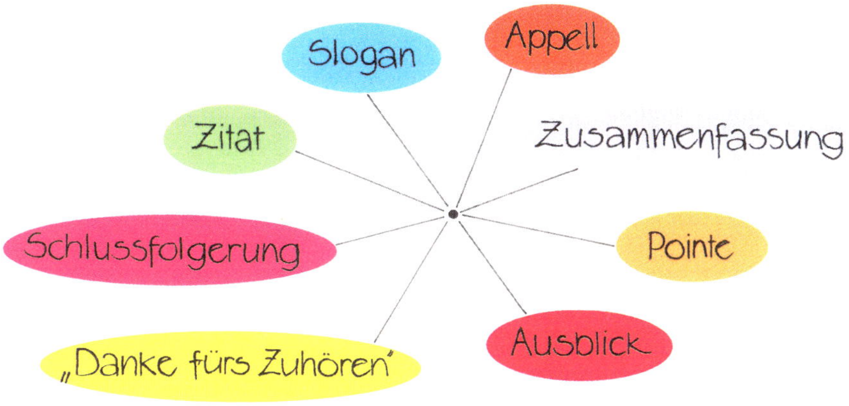

Appell:
Aufruf. «Seid hilfsbereit, denn Hilfsbereitschaft erleichtert uns allen das Leben!»

Pointe:
überraschendes Ende. «Deshalb bin ich der Meinung, Frauen gehören ins Haus – ins Bundeshaus!»

Slogan:
Werbeschlagwort. «Pelztragen ist Mord!»

Aufgabe 2

Skizzieren Sie je einen Schluss für zwei der folgenden Vortragsthemen:

Was bedeutet es für mich, Schweizer (Italienerin, Kroate ...) zu sein?
Aids – eine Gefahr für die Menschheit
Drink or Drive
Tierversuche
Das Land der unbeschränkten Möglichkeiten
Rauchen – nein danke!

Die Gliederung einer Präsentation

Wird ein Vortrag sinnvoll gegliedert, d.h. in «ohrgerechte Portionen» unterteilt, ist er leichter verständlich. Hier der Vorschlag für ein einfaches Gliederungsschema. Es ist sinnvoll, die Gliederung schriftlich festzuhalten, z.B. auf Wandtafel oder Flipchart.

Einleitung	
A) evtl. Begrüssung:	Je nach Situation begrüssen Sie die Zuhörerschaft.
B) Motivation:	Siehe dazu den Abschnitt «Der gestaltete Einstieg» (S. 18)
C) Information:	Informieren über: Aufbau, genaues Thema des Vortrags, Begründung und Aktualität des Themas
Hauptteil	Im Vortrag sind mindestens drei Leitgedanken enthalten. Beispiel zum Thema «Jugend und Alkohol»:
Leitgedanke 1	Alkoholkonsum von Jugendlichen: Menge und Art der Getränke
Leitgedanke 2	Gründe für den Konsum
Leitgedanke 3	Folgen des Alkoholkonsums
Schluss	Siehe dazu den Abschnitt «Der gestaltete Schluss» (S. 19)

Aufgabe 3

Skizzieren Sie in Worten den Aufbau eines Vortrags zu einem frei gewählten Thema. Präsentieren und erläutern Sie kurz die einzelnen Teile.

Der Blickkontakt

Wir kommunizieren mit den Augen genauso wie mit der Sprache. Untersuchungen haben gezeigt, dass der Blickkontakt die Wirkung des Gesagten um mindestens 30 Prozent erhöht. Wer sein Publikum – oder auch die Kundin oder den Kunden – nicht anschaut,

- schaltet einen Kommunikationskanal aus,
- wirkt scheu, unsicher, erweckt Misstrauen,
- spricht die Zuhörenden nicht an.

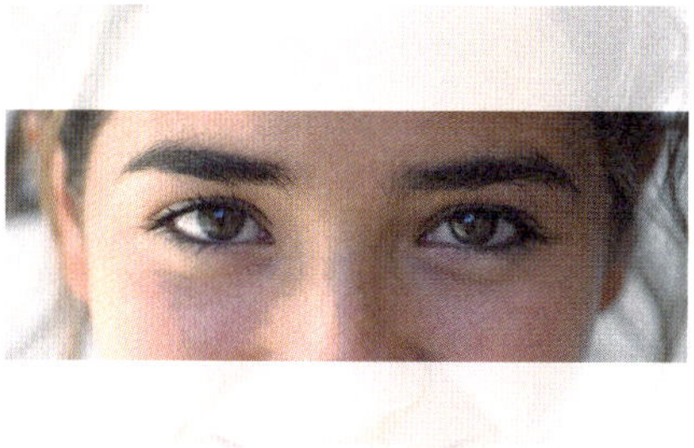

Wirkung +30%

Links:
Blickkontakt fehlt
Weitere Feststellungen:

....

Rechts:
Blickkontakt vorhanden
Weitere Feststellungen:

....

Wie stelle ich den Blickkontakt her?

Zu Beginn der Präsentation:
Halten Sie sich an die G3S-Regel: **gehen – stehen – schauen – sprechen.**
Gehen Sie zuerst an den Ort, an dem Sie den Vortrag halten werden, z.B. neben den Overheadprojektor (Proki).
Stehen Sie anschliessend 4 bis 5 Sekunden lang ganz ruhig da, mit leicht gegrätschten Beinen.
Schauen Sie die Zuhörerinnen und Zuhörer an.
Erst jetzt beginnen Sie zu **sprechen**.

Während der Präsentation:
Schauen Sie möglichst alle Zuhörenden (je nach Anzahl und Entfernung) einmal an, und zwar, bis diese den Blick erwidern. Starren Sie aber nicht immer auf die gleiche Person, z.B. auf die Lehrperson, auch dann nicht, wenn sie besonders wichtig für Sie ist.

Dem Blickkontakt besonders hinderlich ist das Ablesen eines Textes ab Blatt; darum geht es im nächsten Abschnitt.

! Der Blickkontakt ist auch im Kundengespräch unverzichtbar. Trainieren Sie ihn deshalb bei jeder sich bietenden Gelegenheit: bei Präsentationen in Schule und Betrieb, im Gespräch mit Kolleginnen und Kunden, aber auch mit Vorgesetzten.

Das freie und redegerechte Sprechen

Wir verwenden für das Reden eine andere Sprache als für das Schreiben.

! **Wer in Schreibsprache verfasste Texte mündlich vorträgt, wird nicht verstanden.**
Eine Rede ist nicht eine «Schreibe»!

Schreibsprache: Längere, kompliziertere Sätze; anspruchsvollere Wortwahl	**Redesprache: kürzere, leicht verständliche Sätze; einfachere Wortwahl**
«Während des freien Falls, bei dem man eine Geschwindigkeit von rund 200 Stundenkilometern erreicht, erhöht sich die Pulsfrequenz, hervorgerufen durch die Ausschüttung von Adrenalin, einem Stresshormon.»	«Im freien Fall stürze ich der Erde entgegen. Meine Geschwindigkeit beträgt rund 200 Kilometer pro Stunde. In dieser Situation schüttet der Körper Adrenalin aus. Dieses Stresshormon beschleunigt den Puls.»

Präsentieren Sie Ihren Vortrag nicht so:	**Begründung:**
A) Der ganze Vortrag wird wie ein Aufsatz aufgeschrieben und dann abgelesen.	Der Blickkontakt fehlt, der Vortrag verliert seine Wirkung.
B) Der ganze Vortrag wird aufgeschrieben und auswendig vorgetragen.	Das ist genauso schlecht wie das Ablesen, denn wer abliest oder auswendig vorträgt ... • spricht viel zu schnell, • spricht in geschriebener Sprache, • hat keinen echten Blickkontakt, • verhaspelt sich früher oder später und wird unsicher.
C) Der Vortrag wird völlig frei, ohne jede Textvorlage gehalten.	Das geht meistens schief. Ausser Sie kennen sich mit Ihrem Thema wirklich gut aus und sind eine begabte Rednerin.

Frei reden – nach Stichworten

Bereiten Sie Ihren Vortragstext so vor:

- Notieren Sie den Inhalt in Stichworten. Sätze sind verboten.
- Verwenden Sie anstelle von Stichworten auch Symbole und einfache Zeichnungen.
- Am besten eignen sich Kärtchen im Format A6.
- Verwenden Sie für jeden neuen Gedanken ein neues Kärtchen.
- Notieren Sie nicht mehr als 8 Stichworte pro Kärtchen.
- Nummerieren Sie die Kärtchen.

Sonderfälle:

- Formulieren Sie die ersten und die letzten zwei Sätze Ihrer Rede vollständig aus, das gibt Ihnen Sicherheit.
- Zitate, Textstellen aus Büchern und Ähnliches werden vorgelesen.

Aufgabe 4

Schülerinnen haben den folgenden Text verfasst. Er bildet den Anfang einer Präsentation zum Thema «Sucht». Die Sprache ist nicht redegerecht. Verbessern Sie mindestens einen Abschnitt.

Was ist eigentlich Sucht?

Unter Sucht versteht man eine krankhafte Abhängigkeit von Stoffen, um Unlustgefühle zu vermeiden. Sucht entsteht durch einen regelmässigen oder dauernden Konsum, der zu einer physischen (körperlichen) und/oder psychischen (seelischen/geistigen) Abhängigkeit führt.

Von physischer Abhängigkeit spricht man, wenn nach Absetzen der Drogen körperliche Entzugserscheinungen wie Schweissausbrüche, Fieber, Muskelschmerzen, Erbrechen auftreten.

Die psychische Abhängigkeit hat keine körperlichen Entzugserscheinungen zur Folge, dennoch ist das Verlangen sehr stark und nicht mehr steuerbar.

Nach: kl-hagmann, Website

Aufgabe 5

Suchen Sie sich einen einfachen Inhalt für eine kurze Rede. Notieren Sie Ihre Gedanken in Stichworten auf Kärtchen. Beachten Sie dabei alle erwähnten Punkte. Präsentieren Sie einander die Rede in Zweiergruppen. Geben Sie einander ein Feedback.

Selbstbeurteilung: Frei und sicher präsentieren

1 Notieren Sie auswendig – ohne im Buch zu blättern – die fünf Fehler, welche zu Misserfolgen bei Präsentationen führen. Leiten Sie davon die fünf Regeln ab, die es einzuhalten gilt.

Fehler, die zu Misserfolg führen	Regeln, die zu beachten sind
1.	1.
2.	2.
3.	3.
4.	4.
5.	5.

4 Lernen

Lernziel: Ich denke über mein Lernen nach und verbessere meine Lerntechnik. Damit steigere ich meine Leistungen und verspüre mehr Freude am Lernen.

Warm-up

Beantworten Sie folgende Fragen schriftlich:

- Welche Erfahrungen habe ich mit dem Lernen bis jetzt gemacht?
- Welche Ziele will ich in meiner Ausbildung erreichen (Berufspraxis, Schule)?
- Wie will ich diese Ziele erreichen?

Heben Sie das Blatt auf. Sie benötigen es am Schluss des Kapitels nochmals.

Motiviert lernen

Sachfremde Motivation

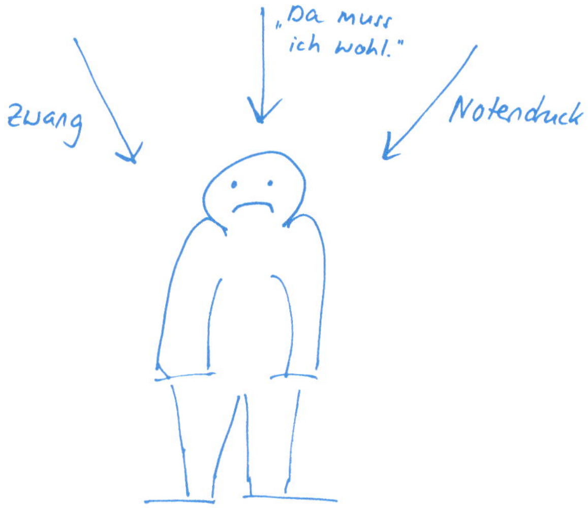

Opferhaltung

Passive Lerner müssen mit Befehlen oder Belohnungen zum Lernen gezwungen werden. Am Lernstoff zeigen sie kein Interesse, die Neugierde fehlt. Sie fragen: «Ist das richtig?» Es interessiert sie jedoch nicht, wie die Lösung zustande gekommen ist. Deshalb setzen sie sich mit dem Lernstoff nicht wirklich auseinander.

↓

Folgen: Lernen unter Zwang, weniger Effizienz, weniger Energie

Sachbezogene Motivation

Erobererhaltung

Aktive Lerner sind neugierig und bereit, auf ein Ziel hinzuarbeiten. Sie lernen aus eigenem Antrieb, denken über den Lernstoff nach und wollen wissen, wie eine Lösung entstanden ist. Sie fragen: «Weshalb ist das richtig?»

↓

Folgen: Freude am Lernen, effizientes Lernen, mehr Energie, Leistungssteigerung

Aufgabe 1

1 | Notieren Sie Lernsituationen, in denen Sie sich als «Opfer» fühlten, und andere, in denen Sie einen Lernstoff «eroberten».

2 | Unter welchen Voraussetzungen hätten Sie statt der Opfer- eine Erobererhaltung einnehmen können?

Aktiv im Unterricht mitarbeiten

Es leuchtet ein: Aktive Mitarbeit im Unterricht bringt Lernerfolge, während Unkonzentriertheit das Lernen erschwert. Aus Erfahrung wissen die meisten Schülerinnen und Schüler, dass dies einfacher gesagt ist als getan.

Aufgabe 2

Diskutieren Sie zu zweit, wie Aline und Georg ihre Mitarbeit im Unterricht verbessern könnten. Gehen Sie dabei möglichst genau auf die zwei Situationen ein und notieren Sie Ihre Lösungsvorschläge stichwortartig.

Aline: «Meine Kolleginnen und ich sitzen während des Unterrichts stets nebeneinander. Meist haben wir es sehr lustig. Wir stecken einander kleine Zettel mit Witzen zu oder so. Wenn mich die Lehrerin etwas fragt, weiss ich meist gar nicht, was wir in der Klasse gerade behandeln. Meine Freundin lernt wohl zu Hause nach und checkt alles sehr schnell. Ich schaffe es aber so nicht mehr. Inzwischen habe ich in vier Fächern einen ungenügenden Notenschnitt. Nun habe ich Angst, dass ich die Lehre nicht schaffe. Aber meine Kolleginnen will ich auch nicht verlieren.»

Georg: «Ich habe oft Mühe, dem Lehrer zu folgen. Alles geht mir zu schnell; das ärgert mich. Wenn ich etwas nicht verstehe, z.B. ein Fremdwort, gebe ich eigentlich meist auf und schaue aus dem Fenster oder zeichne etwas auf ein Blatt. Oft begreife ich auch nicht, worauf der Lehrer eigentlich hinauswill. Manchmal habe ich das Gefühl, ich sehe vor lauter Bäumen den Wald nicht mehr.»

! Ich arbeite aktiv im Unterricht mit, indem ich

- die Unterlagen fürs Fach am Anfang der Stunde geordnet bereithalte;
- die Unterlagen nach der Lektion geordnet ablege (Ordner mit Register);
- nachfrage, wenn ich etwas nicht verstehe;
- mir Notizen mache;
- wenn es notwendig ist, den Lernstoff zu Hause überarbeite und in der nächsten Stunde präzise Fragen dazu stelle;
- bei Gruppenarbeiten die Initiative ergreife, handle und mitdenke;
- darauf achte, mich in den Pausen zu erholen (frische Luft tanken, etwas essen oder mich bewegen).

Hausaufgaben einplanen und lösen

Berufsschultage sind oft lange Arbeitstage, an denen die Schülerinnen und Schüler mit viel neuem Lernstoff konfrontiert werden. Das Erledigen der Hausaufgaben ist deshalb besonders wichtig: Der Lernstoff wird «verdaut» und gefestigt.

So erledige ich die Hausaufgaben effizient:

- Ich richte einen festen Arbeitsplatz mit viel Licht und einer genügend grossen Arbeitsfläche ein.
- Ich löse die Hausaufgaben nicht erst in der Pause vor dem Unterricht, sondern plane während der Woche fixe Zeiten dafür ein.
- Wenn ich im Zug oder in der Schulmensa arbeiten will, überlege ich genau, ob ich dort die nötige Ruhe dafür finde.
- Während des Lernens stelle ich alle audiovisuellen Geräte ab, damit ich mich besser konzentrieren kann.
- Arbeitstechnik: Ich schreibe Zusammenfassungen, zeichne Mindmaps und setze Lernkarten ein. Damit sichere ich Ergebnisse und trainiere Basiswissen.
- Nach ca. 45 Minuten mache ich eine Pause von zehn Minuten.
- Einige Hausaufgaben erledige ich in einer Arbeitsgruppe an einem ruhigen Ort. Dabei schreiben wir nicht einfach voneinander ab, sondern besprechen die Aufgaben gemeinsam oder fragen einander ab.

Aufgabe 3

1 | Beobachten Sie in den nächsten zwei Wochen, wie Sie die Hausaufgaben erledigen. Notieren Sie Ihre Beobachtungen stichwortartig auf einem Blatt. Notieren Sie sich zwei oder drei Punkte, die Sie verbessern wollen. Tipp: Lösen Sie mindestens einmal in diesen zwei Wochen die Hausaufgaben zu zweit oder in einer Lerngruppe.

2 | Werten Sie anschliessend zu zweit oder in einer Gruppe Ihre Beobachtungen und Änderungsvorschläge aus. Stellen Sie Ihre Resultate auf einem Poster dar und präsentieren Sie dieses der Klasse.

Prüfungen vorbereiten

Wer Prüfungen bewusst vorbereitet, erlebt mehr Lernerfolge. Setzen Sie sich für eine Prüfung stets ein realistisches Ziel, das Sie in Teilschritten erreichen können. Überfordern Sie sich nicht! So kommen Sie zu Erfolgserlebnissen und damit zu mehr Freude am Schulstoff.

Die drei Leitfragen der Prüfungsvorbereitung:
Was wird geprüft?
Wie wird geprüft?
Wann, wo und wie lerne ich?

Was wird geprüft?

Informieren Sie sich bei der Lehrperson genau über das Stoffgebiet und kontrollieren Sie rechtzeitig, ob Sie alle notwendigen Unterlagen haben.

Wie wird geprüft?

Reicht Ihnen die Information, dass Sie die Seiten 17 bis 35 aus einem Lehrmittel lernen müssen? Präzise Fragen an die Lehrperson helfen, Missverständnisse zu vermeiden.

Beispiel

Remo bereitet eine Prüfung über die Kommasetzung vor, indem er die meisten Übungen aus dem Lehrmittel repetiert. An der Prüfung verlangt der Lehrer nun aber Erklärungen, weshalb an einigen Satzstellen kein Komma gesetzt wird. Das hat Remo nicht erwartet: Er wird unsicher und nervös. Vor der nächsten Grammatikprüfung fragt er den Lehrer: «Prüfen Sie diesmal auch, ob wir die Anwendung der Regeln begründen können?»

! Überprüfen Sie stets, ob Sie wissen,

- **welche Fertigkeiten und Kenntnisse genau verlangt werden;**
- **wie lange die Prüfung dauern wird;**
- **welche Hilfsmittel erlaubt sind.**

Wann, wo und wie lerne ich?

- Lernen Sie nicht erst am Vorabend, sondern teilen Sie die Stoffgebiete in Portionen auf und lernen bzw. repetieren Sie sie an mehreren Tagen.
- Wählen Sie den Arbeitsort bewusst.
- Wenden Sie Lerntechniken an, die Sie in diesem Lehrmittel finden: Lesen mit der SQ3R-Methode (S. 31), Mindmaps erstellen (S. 60f.), Zusammenfassungen schreiben (S. 37ff.).
- Wenn Sie nicht wissen, wie Sie sich ein Stoffgebiet erarbeiten können, fragen Sie am besten die Fachlehrerin um Rat; sie kennt bestimmt einige nützliche Tricks.

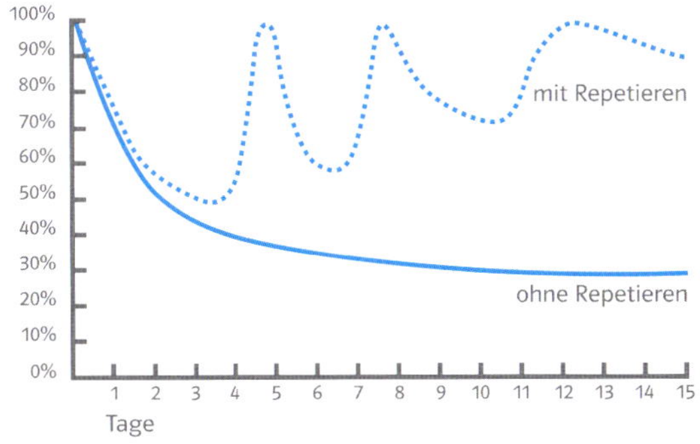

Vergessenskurve

Aufgabe 4

Überlegen Sie sich, wann, wo und wie Sie sich auf eine Ihrer nächsten Prüfungen vorbereiten wollen. Erstellen Sie hierzu eine Liste mit vier Spalten (was? wann? wo? wie?). Vergleichen Sie anschliessend Ihre Ideen mit denjenigen des Pultnachbarn oder Ihrer Lerngruppe.

Prüfungen ablegen

Aufgabe 5

Zwei Jugendliche, die eben die Lehre erfolgreich abgeschlossen haben und nun die Berufsmatura machen, geben Ihnen in einem Gespräch ein paar Tipps. Heben Sie im Text alle für Sie wichtigen Ratschläge hervor und fügen Sie unten weitere an, die Sie anderen Schülern geben würden.

David: Früher habe ich immer noch in der Pause vor der Prüfung das Lehrmittel angeschaut. Dann habe ich gemerkt, dass mich das extrem nervös macht. Auch nervöse Gespräche mit Klassenkollegen kurz vor der Prüfung bringen mich eigentlich nur aus der Ruhe. Wenn möglich schliesse ich mich einen Moment auf der Toilette ein und atme ein paarmal entspannt ein und aus. Das hilft mir, auch wenn es doof klingt.

Viktor: Ich schaue natürlich auch nicht das ganze Mathebuch in der Pause nochmals an. Vor allem, wenn ich mich kaum auf die Prüfung vorbereitet habe. Dann macht mich das nur hypernervös. Es hilft mir aber, kurz vor der Prüfung meine Mindmap anzuschauen, auf der alles übersichtlich zusammengefasst ist. Das gibt mir irgendwie Sicherheit.

David: Wenn ich dann endlich das Prüfungsblatt in der Hand habe, lese ich zuerst einmal alle Aufgaben durch. Ich beginne dann immer mit denjenigen Aufgaben, die ich am einfachsten finde, und lasse die schwierigen erst mal aus.

Viktor: Ja, das ist wichtig. Aber noch wichtiger ist es, auf die Punkte zu schauen. Wenn ich sehe, wie viele Punkte man für eine Aufgabe erhalten kann, konzentriere ich mich vor allem auch auf diejenigen Aufgaben, die viele Punkte bringen.

David: Und zwischendurch lehne ich mich zurück und schaue aus dem Fenster. Da komme ich manchmal ganz plötzlich auf gute Ideen!

Viktor: Ach ja, was mir schon ein paarmal grossen Ärger erspart hat: Ich lese meine Lösungen immer gut durch und überprüfe nochmals, ob ich die Aufgabenstellungen wirklich richtig verstanden und keine Aufgabe vergessen habe!

Weitere Tipps

....

....

....

Prüfungsangst

Ein bisschen Prüfungsangst ist gar nicht so schlecht: Sie gibt Ihnen die notwendige Energie, um die Prüfung vorzubereiten. Wenn Sie jedoch unter starker Prüfungsangst leiden (Schwitzen, schlaflose Nächte, Zittern, dauerndes Gefühl der Überforderung), sollten Sie möglichst bald Hilfe bei einer Lehrperson oder einem Schulpsychologen suchen. Sie lernen dann rechtzeitig vor der Abschlussprüfung, wie Sie mit Ihrer Angst umgehen können.

Aufgabe 6

Führen Sie in der Klasse die Diskussion Davids und Viktors (vgl. Aufgabe oben) weiter. Ein Schüler/eine Schülerin oder die Lehrperson übernimmt die Diskussionsleitung.

Selbstbeurteilung: Lernen

1. Lesen Sie nochmals den Text, den Sie in der Warm-up-Aufgabe zu Beginn des Kapitels verfasst haben. Gehen Sie das Kapitel «Lernen» nochmals kurz durch und ergänzen Sie Ihren Text mit Hinweisen und Anmerkungen aus dem Kapitel, die für Sie wichtig sind. Orientieren Sie sich dabei an folgenden Leitfragen:
   - Welche neuen Erkenntnisse über mein Lernen habe ich gewonnen?
   - Will ich neue oder andere Ziele in meiner Ausbildung erreichen? Welche?
   - Welche neuen Wege/Mittel habe ich kennen gelernt, um diese Ziele zu erreichen?

2. In den nächsten vier Wochen will ich drei Erkenntnisse wie folgt umsetzen:

   1. ....

   2. ....

   3. ....

3. Überprüfen Sie nach einem Monat, wie vollständig Sie Ihren Plan umgesetzt haben. Formulieren Sie allenfalls neue Ziele.

5 Lesen

Lernziel: Ich wende Methoden zur raschen Erfassung von Texten oder Grafiken an. Ich bin in der Lage, ihre Inhalte zu verstehen und sie anderen zu erklären.

Warm-up

Einbruch im Juweliergeschäft «Glitzer und Kram». Kommissarin Anna Binder und ihr Assistent Daniel Egger treffen kurz nach der Tat um drei Uhr morgens im Juweliergeschäft ein. «Das Schaufenster wurde mit geräuscharmem Spezialsprengstoff zertrümmert, nur die wertvollsten Stücke wurden geraubt – das sieht ganz so aus, als ob Scheitel-Paul wieder rückfällig geworden wäre. Lass uns zu ihm fahren!», analysiert Kommissarin Binder die Lage. «Unmöglich, wir müssen doch erst die Resultate der Spurensicherung abwarten», mault Egger. Darauf Binder: «Ach was! Der Fall ist so gut wie gelöst! Nichts wie los zu Pauls Wohnung!»

Als die beiden bei Paul läuten, öffnet ein etwa fünfzigjähriger Mann, nur mit einem ausgeleierten Pyjama bekleidet, die Tür. Nun wird Assistent Egger klar, wie Scheitel-Paul zu seinem Spitznamen kam: Seine mittellangen Haare sind wie mit dem Lineal gescheitelt und liegen eng am Kopf an.

«Wo waren Sie in den letzten zwei Stunden?», fragt Egger den Mann. «Im Bett natürlich, wo denn sonst? Was fällt Ihnen ein, mich um halb vier Uhr morgens aus dem Schlaf zu reissen?»

«Na ja, dann entschuldigen Sie die Störung», meint Egger und lächelt Kommissarin Binder triumphierend zu.

«Moment mal», widerspricht darauf Anna Binder, «der Mann lügt, das ist doch klar!»

Woher weiss Kommissarin Binder, dass Scheitel-Paul nicht die Wahrheit sagt?

Einen Text aufmerksam zu lesen, seinen Inhalt zu kennen und zu verstehen – das ist nicht nur bei Krimis wichtig. Wir nehmen viele Informationen über Texte auf, ob in Zeitungen, in Büchern oder im Internet. Im Folgenden werden Sie deshalb in die SQ3R-Lesemethode eingeführt. Da Informationen häufig auch durch Abbildungen vermittelt werden, lernen Sie auch, Diagramme zu lesen und zu interpretieren.

Texte lesen

Die SQ3R-Methode besteht aus fünf Arbeitsschritten:

1. Survey – Überblick

Ziel:
Einen ersten Eindruck, einen Überblick gewinnen
Vorgehen:
Die verschiedenen Teile eines Textes überfliegen: Titel und Untertitel, Inhaltsverzeichnis, Kapitelüberschriften, Einleitung, Zwischenüberschriften, Abbildungen

2. Questions – Fragen

Ziel:
Aufmerksam und zielgerichtet an die Lektüre herangehen
Vorgehen:
Fragen an den Text formulieren, insbesondere W-Fragen:
Was erwarte ich vom Text? Was sagt der Titel aus? Welches Thema wird dargestellt? Welche Funktionen haben eventuelle Abbildungen?

3. Read – Lesen

Ziel:
Alle wichtigen Informationen erfassen
Vorgehen:
Aufmerksam und zielstrebig lesen; wichtige Textstellen und Schlüsselwörter markieren; Randnotizen und Symbole verwenden; die Bedeutung unbekannter Wörter im Wörterbuch nachschlagen

4. Recite – Rekapitulieren

Ziel:
Überprüfen, ob alles verstanden wurde; Informationen ordnen
Vorgehen:
Den Text weglegen und wichtige Inhalte schriftlich festhalten, als Zusammenfassung (ganze Sätze) oder als Mindmap (grafische Darstellung mit Schlüsselwörtern)

5. Review – Überprüfung

Ziel:
Sicherstellen, dass keine Informationen fehlen
Vorgehen:
Die Inhalte in Gedanken noch einmal kritisch durchgehen

! SQ3R

S = Survey = Überblick
Q = Questions = Fragen
R = Read = Lesen
R = Recite = Rekapitulieren
R = Review = Überprüfung

Aufgabe 1

Bearbeiten Sie den folgenden Text nach der SQ3R-Methode. Notieren Sie Fragen an den Text. Bringen Sie Markierungen an. Nutzen Sie den Rand für Notizen und Symbole. Halten Sie die wichtigsten Inhalte als Zusammenfassung oder als Mindmap fest. Lösen Sie anschliessend die Aufgaben 1–4.

Alchimie im Suppentopf

Die Revolutionierung der Küche durch die Nahrungsmittelindustrie

Als die Fabrikarbeit Mitte des 19. Jahrhunderts auch in der Schweiz Einzug hielt, wurde es für die arbeitenden Frauen zusehends schwieriger, ihren Familien in der kurzen Mittagspause eine vollwertige Mahlzeit zuzubereiten. 1882 legte der eidgenössische Fabrikinspektor Fridolin Schuler einen Bericht vor, in dem er die praktischen Schwierigkeiten arbeitender Frauen darlegte, für ihre Familien vorbereitungsintensive und gesunde Mahlzeiten zu kochen.

Auf Schulers Anregung hin brachte Julius Maggi, ein Kempthaler Müllereibesitzer mit Tessiner Wurzeln, 1885 ein Mehl aus Hülsenfrüchten auf den Markt. Aus diesem Mehl sollte sich unter Beigabe von Wasser eine warme Mahlzeit rasch zubereiten lassen. Maggi pries seine Erfindung als nahrhafte Fertigmahlzeit für Fabrikarbeiter an. Doch die hochgesteckten Erwartungen erfüllten sich nicht; die «Extra-Fettleguminose» fand nur ein paar wenige Käuferinnen und Käufer. Die Leguminosenmehle wurden kurze Zeit später von den ersten Fertigsuppen abgelöst, die ungleich besser mundeten – erst recht, wenn ein Schuss der zur gleichen Zeit entwickelten Maggi-Suppenwürze zugesetzt wurde.

Diese Würze verkaufte Maggi zunächst unter der Bezeichnung «Bouillon-Extract». In Tat und Wahrheit hatte aber das magische Elixier im geheimnisvollen Fläschchen mit Fleischbrühe nicht das Geringste zu tun. Um die Jahrhundertwende gab es bereits Suppen in Tablettenform, einzeln und verpackt in Rollen zu sechs Stück. Die moderne Hausfrau konnte unter verschiedenen Fertigsuppen auswählen. Seine Suppen verkaufte Maggi inzwischen auf der halben Welt.

In dieselbe Epoche wie Maggis Aufstieg fiel die Gründung einer Reihe weiterer, noch heute zumindest als Markennamen bestehender Unternehmen der Nahrungsmittelindustrie. Louis Cailler, Daniel Peter und Rudolf Sprüngli hiessen die Gründer der Schweizer Schokoladedynastien. Der mit dem Bau des Gotthardtunnels einsetzende Zustrom von italienischen Arbeitskräften liess in der Innerschweiz erste Teigwarenfabriken entstehen. Und in Vevey experimentierte der deutsche Apothekergehilfe Henri Nestlé, nachdem er sich lange an einer neuen Beleuchtungstechnik versucht hatte, mit dem Konservieren von Frischmilch. 1937 gelang einem Nestlé-Forscherteam die Entwicklung des ersten wasserlöslichen Kaffees. 1949 kamen die ersten tiefgekühlten Fischfilets auf den Markt, 1962 der erste Flockenkartoffelstock.

Tiefkühler und später der Mikrowellenofen bereiteten das Terrain für neue Produkte vor. Die Industrie übernahm das arbeitsintensive Rüsten von Gemüse, das Vorkochen und Garen und bestimmte mit Fertiggerichten zunehmend den Speisezettel.

Nach: Andreas Heller: Alchimie im Suppentopf

1 | Klären Sie die Bedeutung der folgenden Begriffe:
Alchimie (Z. 1); Leguminose (Z. 16); Schokoladedynastien (Z. 31/32).

2 | Kreuzen Sie an, ob die folgenden Aussagen richtig oder falsch sind. Begründen Sie mündlich.

	richtig	falsch
a | Dank der Industrialisierung hatten die Frauen mehr Zeit zum Kochen.	☐	☐
b | Julius Maggi war als Unternehmer von Anfang an erfolgreich.	☐	☐
c | Ende des 19. Jahrhunderts wurden etliche Schweizer Unternehmen gegründet, welche Nahrungsmittel herstellten.	☐	☐
d | Einige Schweizer Nahrungsmittelunternehmen bestehen heute nur noch als Markenname.	☐	☐
e | 1937 entwickelte Henri Nestlé den wasserlöslichen Kaffee.	☐	☐
f | Die Industrie nahm den Hausfrauen die arbeitsintensiven Tätigkeiten beim Kochen ab.	☐	☐

3 | Welcher Zwischentitel eignet sich für den zweiten Abschnitt (ab Zeile 10)?

☐ Von der Fettleguminose zur Fertigsuppe
☐ Maggi-Würze – der Siegeszug der Fleischbrühe
☐ Gesundheit in Tablettenform

Welcher Zwischentitel eignet sich für den vierten Abschnitt (ab Zeile 28)?

☐ Milchpulver für Fremdarbeiter
☐ Aufstieg der Nahrungsmittelindustrie
☐ Kartoffelstock aus der Mikrowelle

4 | Beschreiben Sie in einem Satz das Thema des Artikels:

....

Aufgabe 2

Wenden Sie die SQ3R-Methode auf einen Text an, der aus einem Schulbuch oder aus einer Zeitung stammt.

> **!** **Diagramme lesen**
>
> **Was stellt die x-Achse dar?**
> **Was stellt die y-Achse dar?**
> **Um welchen Diagrammtyp handelt es sich?**
> **Wie lautet die Bildlegende?**
> **Was bedeutet das Dargestellte?**
> **Welche Schlussfolgerungen ziehe ich?**

Diagramme lesen

Ein Diagramm stellt Zahlenreihen grafisch dar. Es visualisiert, das heisst, es veranschaulicht Grössenverhältnisse.

Beispiel

Eine Gruppe hat für eine Projektarbeit 123 Schülerinnen und 123 Schüler befragt, ob sie später einmal heiraten möchten. Die Befragten konnten Folgendes ankreuzen:

☐ Ja ☐ Nein ☐ Weiss nicht

Die Gruppe hat die Resultate wie folgt notiert:
Befragte Personen insgesamt: 246
Antworten: 177 Ja / 27 Nein / 42 Weiss nicht

Die Projektgruppe hat die Resultate mit einem **Säulendiagramm** visualisiert. Wichtig sind bei einem Diagramm die **y-Achse** und die **x-Achse**. Was sagen sie hier aus?

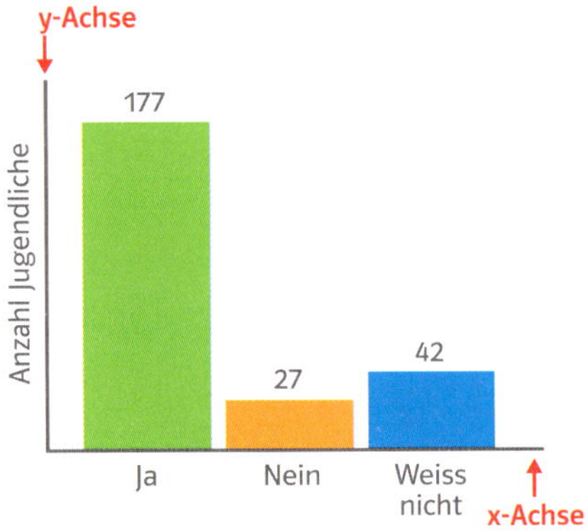

Einstellung Jugendlicher zur Heirat in absoluten Zahlen

Aufgabe 3

Diagrammtypen

Die Projektgruppe hat ebenfalls notiert, ob die Befragten männlich oder weiblich waren. Was können Sie dem **Säulendiagramm** entnehmen?

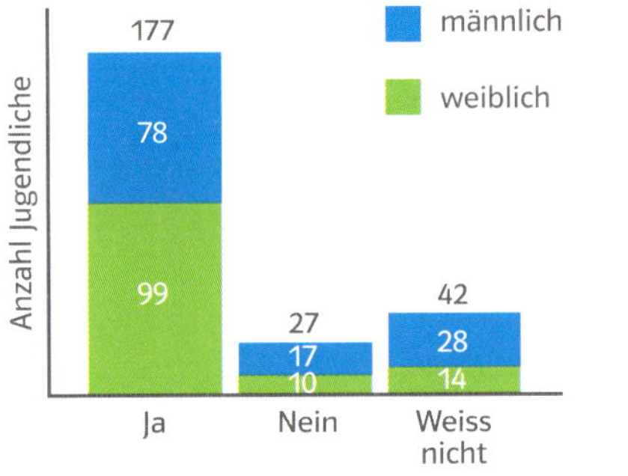

Einstellung männlicher und weiblicher Jugendlicher zur Heirat in absoluten Zahlen

Ein Mitglied der Gruppe schlägt nun vor, die Resultate der Umfrage nicht in absoluten Zahlen, sondern in Prozentzahlen anzugeben.

177 Ja	=	72%
27 Nein	=	11%
42 Weiss nicht	=	17%
246 Befragte	=	100%

Da alle Teilresultate zusammen ein Ganzes (100%) ergeben, eignet sich ein **Kreisdiagramm** für die Darstellung am besten.

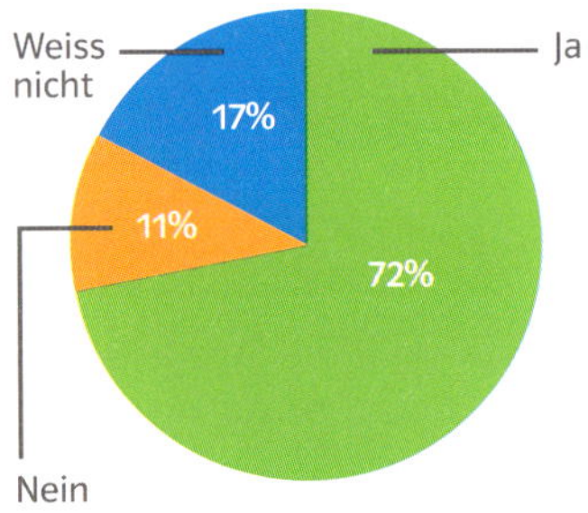

Einstellung Jugendlicher zur Heirat in Prozentzahlen

Aufgabe 4

- Welche Informationen können Sie dem Kreisdiagramm rechts (Tortendiagramm) entnehmen?
- Rechnen Sie die Prozentzahlen pro Kontinent in absolute Zahlen um.
- Das Diagramm zeigt die Situation im Jahre 2000. Erstellen Sie ein gleichartiges Diagramm, welches die aktuelle Situation wiedergibt.

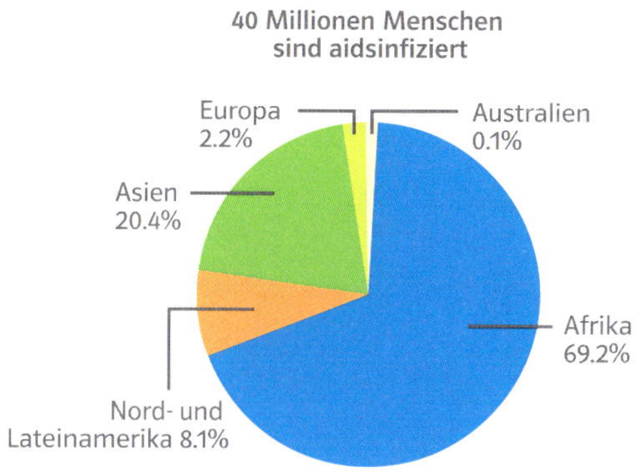

Aidsinfizierte pro Kontinent

Sie haben jetzt das Säulen- und das Kreisdiagramm kennen gelernt. Daneben existieren noch weitere Diagrammtypen.

Balkendiagramm

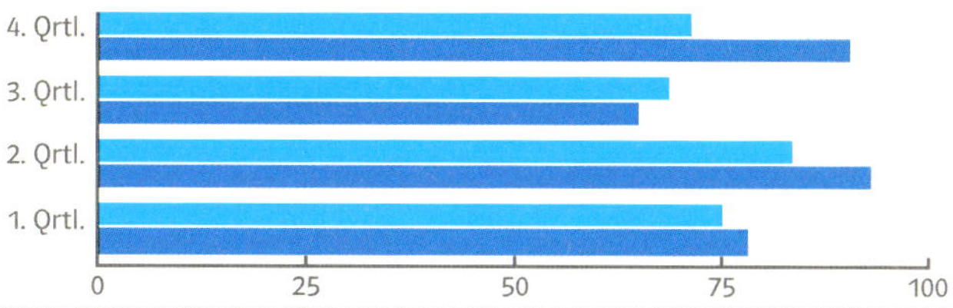

Ein Diagramm mit waagrechten Balken. Eignet sich wie das Säulendiagramm für Vergleiche.

Liniendiagramm

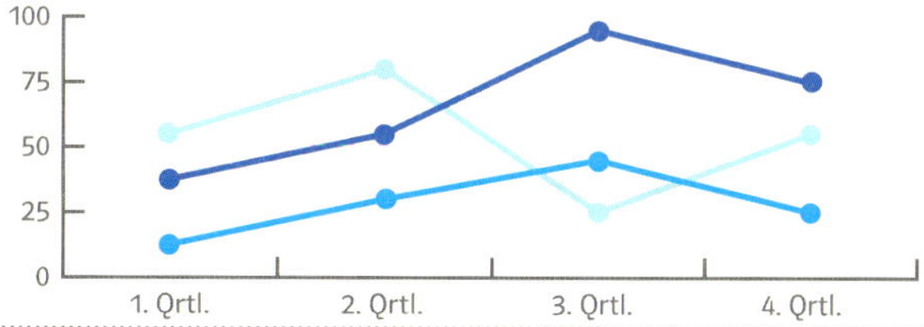

Fixpunkte sind mit Linien verbunden. Das Liniendiagramm stellt eine Entwicklung über einen bestimmten Zeitraum dar. Die x-Achse ist meistens die Zeit.

Flächendiagramm

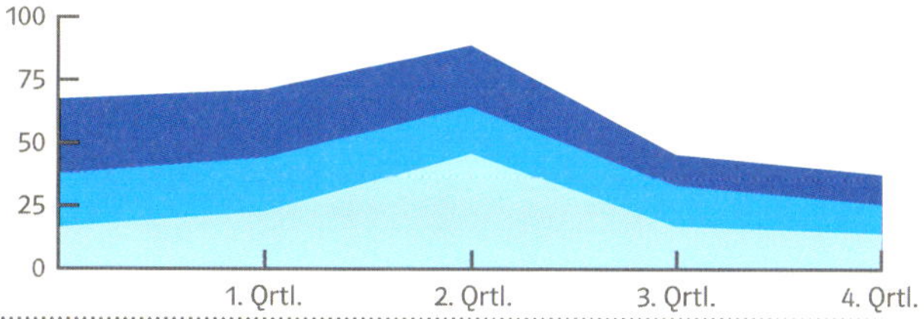

Ein Diagramm, bei dem die Fläche unterhalb der Linie eingefärbt ist. Geeignet für die Darstellung mehrerer Datenreihen.

Baumdiagramm

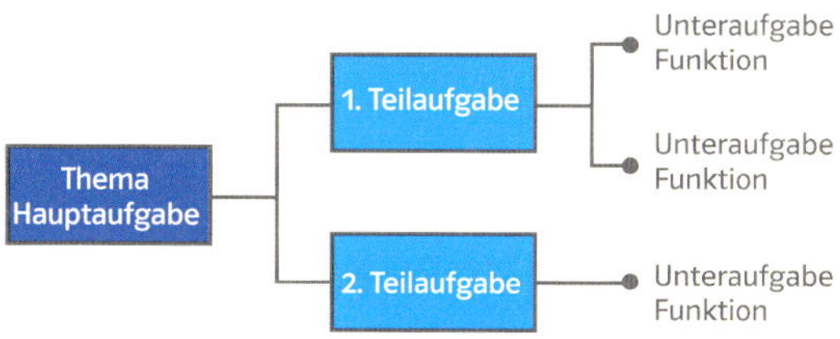

Erinnert an eine Baumwurzel. Stellt Strukturen und Abläufe dar.

Organigramm

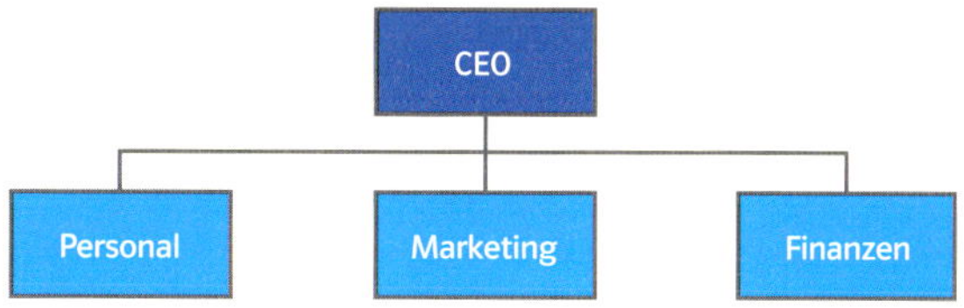

Meist in Form eines Baumdiagramms. Stellt eine Organisationsstruktur dar.

Flussdiagramm

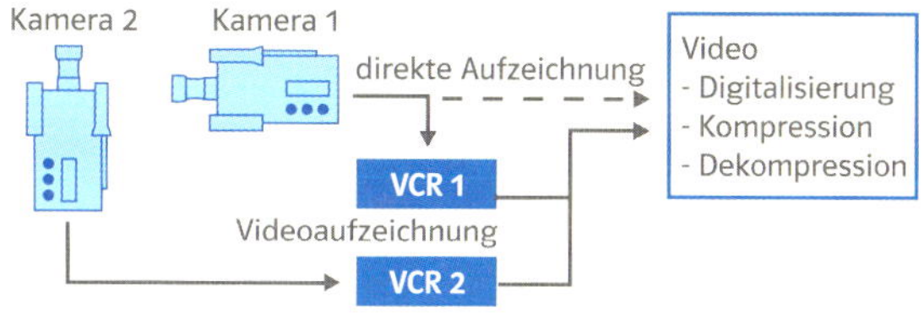

Enthält grafische Symbole sowie Pfeile und Linien. Stellt Arbeitsabläufe und Prozesse dar.

Aufgabe 5

Wie können die folgenden Informationen grafisch dargestellt werden? Überlegen Sie, welcher Diagrammtyp sich am besten eignet, und erstellen Sie eine Skizze des Diagramms. Versehen Sie die Skizze mit einer Bildlegende.
Bearbeiten Sie pro Gruppe eine Aufgabe.

1 | Anzahl der Verkehrstoten in der Schweiz pro Jahr, von 1990 bis heute. Zusätzliche Angabe, bei wie vielen dieser Todesfälle Alkohol im Spiel war.

2 | Anzahl der immatrikulierten PKW in der Schweiz, Entwicklung von 1990 bis heute. Zusätzliche Angabe, wie hoch der Anteil Geländefahrzeuge ist.

3 | 1094 Liter Wasser verbraucht ein 4-Personen-Haushalt in den USA im Durchschnitt pro Tag. Davon entfallen auf: Aussenbereich 37% (Rasen besprengen, Auto waschen); Toilettenspülung 22%; baden, duschen, Zähne putzen 18%; Kleider waschen 13%; abwaschen 6%; trinken und kochen 4%.

4 | Die Organisation des Betriebes, in dem Sie arbeiten.
Die Organisation der Verwaltung Ihrer Wohngemeinde.
Die Organisationsstruktur eines Vereins, in dem Sie Mitglied sind.

5 | Das Vorgehen bei einer Kundenreklamation grafisch darstellen, und zwar
- wenn mit dem Kunden eine Einigung möglich ist,
- wenn keine Einigung möglich ist.

Selbstbeurteilung: Lesen

1. Nennen Sie ohne Nachschlagen die einzelnen Schritte der in diesem Kapitel behandelten Lesemethode. Geben Sie stichwortartig an, was jeder Schritt bedeutet. Stellen Sie die Schritte als Flussdiagramm dar.

2. Sie haben 100 Personen gefragt, wie oft sie Fertigprodukte konsumieren.
Das Ergebnis:

täglich	37 Personen
häufig	43 Personen
selten	18 Personen
nie	2 Personen

Schlagen Sie zwei Diagrammtypen vor, mit denen Sie die Resultate darstellen können.
Erstellen Sie je eine Skizze mit Bildlegende.

6 Zusammenfassen

Lernziel: Ich fasse einen Text so zusammen, dass die Zusammenfassung für mich und für andere klar verständlich und nützlich ist. Ich weiss zudem, was eine Zusammenfassung von einer Inhaltsangabe unterscheidet.

Warm-up

Veni, vidi, vici (Ich kam, sah und siegte) – mit diesen knappen, aber vielsagenden Worten meldete Julius Cäsar den Sieg seines Heeres aus Kleinasien (der heutigen Türkei) nach Rom. Dies geschah im Jahr 47 vor Christi Geburt. Cäsar war berühmt für seine lakonischen (wortkargen, aber treffenden) Äusserungen.

Die schwierige Kunst, eine Aussage auf den Punkt zu bringen, beherrschte auch der Schriftsteller Erich Kästner. Von ihm stammen scharfsinnige Formulierungen wie:

Es gibt nichts Gutes
ausser: Man tut es.

Wer etwas zu sagen hat, hat keine Eile.
Er nimmt sich Zeit und sagts in einer Zeile.

Astérix®

www.asterix.com

Julius Cäsar, aus:
Die Trabantenstadt

Kennen Sie selber kurze und einprägsame Aussagen, zum Beispiel aus Songtexten oder aus der Werbung, die einen Sachverhalt treffend umschreiben?

Knappe, treffende Formulierungen – sie bilden ein wesentliches Merkmal der Textsorte «Zusammenfassung». Zusammenfassen heisst, Texte, Aussagen, Meinungen und andere Inhalte in geraffter Form wiederzugeben. Zusammenfassungen dienen dazu, andere über wesentliche Inhalte zu informieren. Sie finden auch in der Prüfungsvorbereitung Verwendung. Auf den nächsten Seiten beschränken wir uns auf das Zusammenfassen von Texten. Die Zusammenfassung von mündlichen Aussagen, also das Protokoll, lernen Sie in Band 2 kennen.

Erich Kästner (1899–1974)

! Vorgehen beim Zusammenfassen:

- Text **lesen**, z.B. nach der SQ3R-Methode (S. 31);
- Text in **Abschnitte** gliedern;
- pro Abschnitt ein bis zwei **Schlüsselwörter** hervorheben;
- den **Hauptinhalt** jedes Abschnittes stichwortartig formulieren;
- mit den **W-Fragen** «wer, was, wann, wo, wie, warum?» überprüfen, ob alle wichtigen Informationen erfasst wurden;
- die Hauptinhalte zu einem **Text** verbinden.

Sprachliche Merkmale der Zusammenfassung

Eine Zusammenfassung soll in einer sachlichen Sprache geschrieben sein. Dies bedeutet:

- knappe, treffende, leicht verständliche Formulierungen
- keine wörtliche Wiedergabe von Textstellen (Zitate in Anführungszeichen erlaubt)
- keine direkte Rede (indirekte Rede erlaubt)
- keine Ich-Form
- grammatische Zeit: Präsens (Gegenwart)
- keine Frage- und Ausrufesätze

Aufgabe 1

Die folgende Zusammenfassung ist missglückt. Kürzen Sie den Text um ein Drittel auf maximal 70 Wörter und überarbeiten Sie ihn sprachlich.

Direkte Rede:
Der Polizist sagte ihnen: «Sie **haben** Glück gehabt. Meistens **wird** bei einem Einbruch auch vieles beschädigt.»

Indirekte Rede:
Der Polizist sagte, sie **hätten** Glück gehabt. Meistens **werde** bei einem Einbruch auch vieles beschädigt.

Baron Münchhausen[1] ist wieder einmal auf der Jagd. Als er seine letzte Kugel verschossen hat, steht auf einmal ein prächtiger Hirsch vor ihm. «So eine schöne Gelegenheit!», dachte er. «Hätte ich doch noch eine Gewehrkugel übrig!» Da kommt er auf einmal auf eine gute Idee. Er hat noch einige Kirschkerne in seiner Umhängetasche. Mit denen lädt er sein Gewehr und schiesst – peng! – zwischen das Geweih des Hirsches. Der Hirsch war nur etwas betäubt und trabte davon.

Einige Jahre später erlegt Münchhausen den Hirsch doch noch – er trägt jetzt einen Kirschbaum zwischen dem Geweih. Der Kirschbaum ist voller Kirschen. Was gab es am nächsten Sonntag zu essen? Natürlich Hirschrücken an Kirschsauce!

1 Karl Friedrich Hieronymus Freiherr von Münchhausen, genannt «der Lügenbaron», 1720–1797. Der weit gereiste Münchhausen erzählte zu Lebzeiten die unglaublichsten Abenteuergeschichten. Diese wurden nach seinem Tode von verschiedenen Schriftstellern, z.B. von Erich Kästner, bearbeitet.

Inhaltliche Merkmale der Zusammenfassung

Eine Zusammenfassung weist die folgenden inhaltlichen Merkmale auf:

knapp, aber alles Wichtige umfassend
Überprüfen Sie mit W-Fragen, ob alle wichtigen Informationen des Originaltextes enthalten sind.

sachlich und informativ
Vermeiden Sie persönliche Wertungen und gefühlshafte Äusserungen.

logisch und nachvollziehbar
Die Zusammenfassung ist ein selbstständiger, für sich sprechender Text.
Drittpersonen können ihn verstehen, ohne das Original zu kennen.

Aufgabe 2

1 | Lesen Sie den folgenden Text nach der SQ3R-Methode (S. 31).

2 | Klären Sie die Bedeutung der Wörter, die Sie nicht kennen, mit Hilfe des Dudens oder indem Sie jemanden fragen.

3 | Schreiben Sie eine Zusammenfassung des Textes in höchstens 10 Sätzen.

Fitness-Muffel oder Fitness-Maniac?

Mit einer Tüte Chips auf der Couch liegen und fernsehen – so sieht für die meisten Menschen ein entspannter Feierabend aus. Der Fitness-Muffel ist tagsüber viel zu beschäftigt, um Sport zu treiben, und nach der Arbeit will er sich entspannen. Bewegung ist aber ein unverzichtbares und kostengünstiges Rezept für ein längeres Leben. Um die grundlegenden Funktionen des Körpers intakt zu halten, kommt man um ein gewisses Mass nicht herum. Vor 50 Jahren noch waren wir jeden Tag etwa drei Stunden mehr auf den Beinen als jetzt. Fernbedienungen, Servolenkungen und Homeshopping verschönern zwar den Augenblick, aber verkürzen das Leben.

Mehr Bewegung steht sicher nicht für teures Sportequipment und einen Fitness-Studio-Vertrag. «Weniger ist mehr» heisst die neue Formel. Gartenarbeit, Tanzen und vor allem Spaziergänge mit oder ohne Hund: Bewegungen, die im ersten Moment nicht als Fitness-Arbeit erscheinen, bringen den gewünschten Effekt, fördern die Beweglichkeit und kräftigen das Immunsystem. Aus sportmedizinischer Sicht reicht für die Aufrechterhaltung der Gesundheit fünf- bis sechsmal wöchentlich eine halbe Stunde Radfahren, Spazierengehen oder Schwimmen aus.

Der Fitness-Maniac fährt morgens 20 Kilometer mit dem Fahrrad in sein Büro, in der Mittagspause geht er joggen und abends ins Fitness-Studio. Sport spielt in seinem Leben eine grosse, wenn nicht sogar die grösste Rolle. Ein Bedürfnis, das nicht mehr zu steuern ist – Sportsucht. Wer exzessiv Sport betreibt, schadet dem Immunsystem, den Knochen, Bändern und Sehnen, was wiederum zu schweren chronischen Problemen führen kann.

Zwei Modelle erklären die Krankheit Sportsucht: Zum einen werden bei intensiver körperlicher Betätigung Glückshormone, Endorphine, ausgeschüttet, die beim Menschen positive Gefühle hervorrufen. Zum anderen erklärt die Psychologie Sport als Kompensation, als Ersatz bei ausbleibenden Erfolgserlebnissen oder bei Problemen in anderen Lebensbereichen. Zu Sportverletzungen kommt es meist nicht durch den Umfang einer Belastung, sondern durch deren Intensität und die Anzahl der Fehlbelastungen. So hat auch Ausdauertraining keinen Sinn, wenn der Bewegungsablauf nicht optimal ist. Jeder Mensch hat eine eigene Grenze der körperlichen und psychischen Belastbarkeit. Wird sie wiederholt überschritten, spricht man von «Übertraining».

Wer beschliesst, regelmässig Sport zu treiben, muss seinen Körper in einem angemessenen Tempo an die sportliche Belastung gewöhnen. Der Sport sollte auf die eigenen Grenzen abgestimmt sein und der Sportler muss eine Sensibilität für individuelle Zeichen der Überbelastung entwickeln.

Nach: Nicole Müller: Fitness-Muffel oder Fitness-Maniac?

Zusammenfassung oder Inhaltsangabe?

Textsorten: Roman, Erzählung, Novelle, Märchen usw. (Überblick über die Textsorten auf Seite 170/171)

Inhaltsangaben werden zum Beispiel von Erzählungen, von Romanen oder von Filmen gemacht. Sie bestehen in der Regel aus drei Teilen:

1. Einleitung

Die Einleitung soll der Leserin oder dem Leser das Verständnis der nachfolgenden Zusammenfassung erleichtern. Sie enthält

- bei Texten: Titel und Untertitel, Verfasser/-in, Erscheinungsjahr, Textsorte;
- bei Filmen: Titel, Regisseur/-in, wichtigste Darstellerinnen und Darsteller, Produktionsjahr.

Allenfalls können auch weitere Informationen folgen: Thema des Films/des Textes, bearbeiteter Stoff, eventuelle Preise für das Werk, andere Besonderheiten.

2. Hauptteil

Der Hauptteil besteht aus einer Zusammenfassung.
Diese informiert in geraffter, aber abgerundeter Form über Inhalt und Aufbau des Werks.

3. Schluss

Im Schlussteil wird

- kurz Rückschau auf Inhalt und Aufbau des vorgestellten Werks gehalten,
- die Aussage des Werks erläutert,
- eine begründete Stellungnahme zum Werk abgegeben, also eine Wertung vorgenommen.

Daneben können in einer Inhaltsangabe noch viele andere Aspekte eines Werks thematisiert werden, wie z.B.

- technische Aspekte eines Films,
- sprachliche Aspekte eines Textes.

Hier ein Beispiel einer kurzen Inhaltsangabe:

Einleitung

Die verlorene Ehre der Katharina Blum oder Wie Gewalt entsteht. Die Novelle mit diesem Titel und Untertitel erschien 1974. Verfasst wurde sie vom deutschen Schriftsteller Heinrich Böll, der 1972 den Nobelpreis für Literatur erhalten hatte. Die Novelle entstand in einer Zeit, in der der Staat vom Terrorismus bedroht war. Überwachung der Bürger, die Einschränkung der Freiheit des Einzelnen und Hetze gegen mutmassliche Terroristen in den Massenmedien gehörten damals zum Alltag.

Hauptteil

Die Hauptfigur Katharina Blum, die sich ihren Lebensunterhalt als kleine Hausangestellte verdient, wird vom Boulevard-Blatt *Die Zeitung* zu einer Sympathisantin des Terrorismus abgestempelt. Werner Tötges, Journalist bei der *Zeitung*, schreckt vor Lügen und skrupellosen Ermittlungsmethoden nicht zurück. Dabei hat sich Katharina Blum nur in den Militärdienstverweigerer Ludwig Götten verliebt.
Weil Katharinas Leben durch all die Verleumdungen, die in der *Zeitung* über sie veröffentlicht werden, ruiniert ist, fasst sie den Entschluss, den Journalisten Tötges zu erschiessen. Katharina Blum wird also zur Mörderin aus verlorener Ehre.

Schluss

Böll deckt in seinem Werk die Ermittlungsmethoden des Boulevard-Journalismus auf. Zudem kritisiert er, dass der Einzelne in seiner persönlichen Freiheit zu stark eingeschränkt wird, wenn Staat und Gesellschaft übertrieben auf die Terrorismusgefahr reagieren.
Gerade diese zweite Aussage des Werks ist heute aktueller denn je. Deshalb hat mich das Buch gepackt. Zudem überzeugen die glaubwürdige Darstellung der Hauptfigur Katharina sowie die einfache, aber genaue Sprache, in der Heinrich Böll das Werk verfasst hat. Mein Tipp: Die Novelle ist auch heute noch sehr lesenswert!

Aufgabe 3

Präsentieren Sie der Klasse die Inhaltsangabe eines Films oder eines Buchs, welche dem oben beschriebenen Aufbau folgt.

Selbstbeurteilung: Zusammenfassen

1 Ich weiss, wie ich beim Zusammenfassen von Texten vorgehen muss:

....

....

....

2 Ich kenne die Merkmale der Textsorte «Zusammenfassung»:

a) sprachlich

....

....

b) inhaltlich

....

....

3 Eine Inhaltsangabe enthält neben der Zusammenfassung die folgenden Elemente:

....

....

....

Lernziel: Ich verstehe, warum eine Kommunikation gelingt oder misslingt. Ich kommuniziere mit anderen Personen in einer Weise, die für beide Seiten hilfreich ist. Meine Anliegen bringe ich sachlich und Erfolg versprechend vor. Dabei achte ich auch auf die non-verbale Kommunikation.

Warm-up

Lukas und Karin sind vor Kurzem zusammengezogen. Sie sind berufstätig. Es ist Abend, beide sind von der Arbeit müde. Karin dreht den Wasserhahn auf und will sich die Hände waschen.

Lukas: Pass auf! Das Wasser ist heiss!
Karin: Das weiss ich selber auch!

Sie dreht den Wasserhahn voll auf. Er geht genervt zum Kühlschrank und reisst die Tür auf.

Lukas: Wieso ist der Kühlschrank schon wieder leer? Ich will doch vor dem Fernseher immer etwas knabbern und ein kühles Bier trinken! Du denkst nie an mich beim Einkaufen.

Karin dreht den Hahn zu, schaut Lukas an und holt tief Luft.

Karin: Geh doch dein Bier selber einkaufen! Schliesslich arbeite ich tagsüber genauso viel wie du, falls dir das noch nicht aufgefallen ist!

Aus: Schülerarbeit

Untersuchen Sie Satz für Satz sowie Handlung für Handlung, warum die Unterhaltung zwischen Lukas und Karin schiefläuft. Formulieren Sie anschliessend mit denselben Inhalten einen Vorschlag für eine geglückte Kommunikation oder zeigen Sie die glücklichere Variante in einem Rollenspiel.

> Wir kommunizieren immer zu einem bestimmten Zweck, mit einem bestimmten Kommunikationsziel. Wir wollen, dass der Kommunikationspartner, der Zuhörer, etwas Bestimmtes tut, sagt oder denkt. Wir möchten zum Beispiel, dass er uns einen Gefallen erweist, uns wohlwollend behandelt oder uns bewundert.
> Damit wir unser Kommunikationsziel erreichen, ist es wichtig, gewisse Grundregeln der Kommunikation zu befolgen.

! Erfolgreich kommunizieren heisst:

- aktiv zuhören;
- beobachten statt werten;
- die eigenen Gefühle ausdrücken;
- Bedürfnisse klar formulieren;
- auf nonverbale Signale achten.

Aktiv zuhören

Aktiv zuhören, dem Gesprächspartner Interesse und Mitgefühl entgegenbringen: Dies ist eines der Geheimnisse erfolgreicher Kommunikation. Versuchen Sie, Ihre eigene Person im Gespräch mit anderen zurückzustellen und sich ganz auf das Gegenüber zu konzentrieren.

Aufgabe 1

Untersuchen Sie, ob die Reaktionen von Annette, Stefanie und Urs mitfühlend sind. Begründen Sie Ihre Ansicht.

Katja:	Mein Freund hat mich verlassen.
Reaktion Annette:	Mein Gott, dann fühlst du dich sicher elend. Was ist denn genau passiert?
Reaktion Stefanie:	Ja, das muss jeder mal durchstehen. Ich war siebzehn, als mein erster Freund mich verlassen hat. Aber jetzt habe ich zum Glück wieder einen neuen Partner. Man braucht doch einfach jemanden im Leben.
Reaktion Urs:	Kopf hoch, das wird schon wieder; es gibt so viele nette junge Männer. Schau *mich* an!

Diese Signale bedeuten «Ich höre dir zu»:

- Aussagen seines Gegenübers kurz zusammenfassen
  «Du denkst also, Richard hat dich wegen einer anderen verlassen.»
- Präzisierungen verlangen
  «Was meinst du mit ‹Er hat sicher eine andere›?»
- Fragen, wie sich jemand fühlt
  «Wie geht es dir denn jetzt?»
- Mit Gesichtsausdruck und Körperhaltung Interesse anzeigen
  Blickkontakt halten, den Körper dem Gegenüber zuwenden

Aufgabe 2

Schreiben Sie den folgenden Dialog so um, dass Patrick zu einem aktiven, einfühlsamen Zuhörer wird. Nehmen Sie Ihre Fantasie zu Hilfe.

Anja, eine Auszubildende im zweiten Lehrjahr, kehrt braun gebrannt aus den Ferien zurück. Sie trifft ihren Kollegen Patrick am Arbeitsplatz.

Anja: Hallo, Patrick ... tja, nun sind meine schönen Ferien also zu Ende.

Patrick: Hallo, Anja, ja, so ist das Leben. Ich bin hier die ganze Zeit am Schuften.

Anja: Dabei habe ich meinen Urlaub auf Ibiza so genossen.

Patrick: Urlaub – das ist doch viel zu teuer. Ich bleibe lieber zu Hause und spare mein Geld für die Autoprüfung. Das ist viel sinnvoller, als das Geld einfach so zu verpulvern.

Anja: Es war toll, jeden Tag ausschlafen und abends in die Disco gehen. Und dann dieser Strand! Ich kann es gar nicht fassen, dass es schon vorbei ist.

Patrick: In der Disco war ich schon lange nicht mehr. Sagt mir einfach nicht zu, so rumzuhopsen. Und diese Getränkepreise!

Anja: Meine Freundinnen und ich wollen nächstes Jahr auf alle Fälle wieder hingehen.

Patrick: Ich bin in den Ferien am liebsten alleine, so hab ich meine Ruhe. Dann will mich auch niemand überreden, in die Disco zu gehen. Wann soll ich sonst die Theorieprüfung vorbereiten?

Beobachten statt werten

«Du kommst dauernd zu spät!» – «Du hältst nie Ordnung!» – «Du bist unzuverlässig!»
Solche Wertungen reizen zum Widerspruch und führen zu Streit. Die Antwort wird sein: «Stimmt überhaupt nicht!» – «Du bist gerade die Richtige!» – «Dafür meckerst du ständig herum!»

Besser, Sie teilen einfach Ihre Beobachtung mit, und zwar ohne zu werten.
«Ich warte seit 15 Minuten auf dich.» – «An deinem Arbeitsplatz stapeln sich die Akten.» – «Du hast den vereinbarten Termin nicht eingehalten.»
Wertfreie Beobachtungen rufen keinen Widerstand hervor, sondern ermöglichen ein sachliches Gespräch oder zumindest eine lösungsorientierte Auseinandersetzung.

Aufgabe 3

Geben Sie an, ob es sich bei den folgenden Aussagen um überprüfbare Beobachtungen (B) oder um Wertungen (W) handelt.

B	W	
☐	☐	1 | Du beachtest mich nicht.
☐	☐	Ausser «guten Morgen» hast du heute noch nichts zu mir gesagt.
☐	☐	Die anderen sind dir wohl lieber als ich.
☐	☐	2 | Sie verärgern alle unsere Kundinnen.
☐	☐	Frau Gosteli hat sich beschwert, Sie nähmen sich zu wenig Zeit für sie.
☐	☐	Ich habe eben festgestellt, dass Sie eine Kundin nicht gegrüsst haben.
☐	☐	3 | Ich habe dir drei SMS geschickt, aber keine Antwort erhalten.
☐	☐	Du meldest dich nie bei mir.
☐	☐	Du bist mir gegenüber gleichgültig.
☐	☐	4 | Er ist ein furchtbar schlechter Koch.
☐	☐	Neulich hat er Rindfleisch gekocht, dabei bin ich Vegetarierin.
☐	☐	Er kocht absichtlich Sachen, die ich nicht mag.
☐	☐	5 | Du hast ein Jackett gekauft, dabei schuldest du mir noch 250 Franken.
☐	☐	Du kannst nicht mit Geld umgehen.
☐	☐	Du bist ein schlechter Freund.
☐	☐	6 | Sie gewähren Leuten wie Herrn Schwarz einfach so Rabatt.
☐	☐	Ich sehe hier, dass Sie Herrn Schwarz 5 Prozent Rabatt gewährt haben.
☐	☐	Sie gewähren dauernd Rabatte, ohne mich zu fragen.

Aufgabe 4

Wandeln Sie die folgenden Wertungen in wertfreie Beobachtungen um.

1 | Nie kannst du etwas für dich behalten.

....

2 | Du fliegst bestimmt durch die Abschlussprüfung.

....

3 | In diesen Kleidern siehst du lächerlich aus.

....

4 | Du bist ja so was von vergesslich!

....

Gefühle ausdrücken

Roger und Daniela sind seit Kurzem befreundet. Nach der Arbeit treffen sie sich zum Aperitif.

Roger: Na, wie wars heute im Geschäft?
Daniela: Stell dir vor, Roger, ich mach vielleicht Karriere. Bänninger, der Chef persönlich, hat mich zu sich kommen lassen.
Roger: Da bin ich aber gespannt!
Daniela: Er hat mir einen Posten als stellvertretende Filialleiterin in Aussicht gestellt. Und der jetzige Filialleiter ist sechzig Jahre alt – er wird sich bald pensionieren lassen!
Roger: Toll ... ehm ... das ist ja eine echte Chance für dich.
Daniela: Ich sollte nur noch etwas besser Französisch lernen.
Roger: Wieso Französisch?
Daniela: Na ja, ich würde dann in Genf arbeiten.
Roger: ...

Gefühle auszudrücken, ist nicht einfach. Es gelingt nur denjenigen, welche die folgenden drei Fragen mit «ja» beantworten können:

Habe ich Klarheit über meine Gefühle?	Bin ich bereit, meine Gefühle zu zeigen und darüber zu sprechen?	Bin ich imstande, meine Gefühle sprachlich klar auszudrücken?
Roger und Daniela kennen sich noch nicht so lange. Ist sich Roger im Klaren, was er für Daniela empfindet? Ist er sich bewusst, dass vielleicht auch Neid oder Minderwertigkeitsgefühle im Spiel sind?	Kann sich Roger überwinden, seine Gefühle (Liebe, evtl. Neid oder Zurücksetzung) gegenüber Daniela zu formulieren?	Kann sich Roger klar äussern, ohne missverstanden zu werden und ohne verletzend zu wirken?

Aufgabe 5

1 | Beschreiben Sie die Gefühlslage von Roger und von Daniela.

2 | Führen Sie, ausgehend von der Gefühlslage der beiden, den Dialog weiter.

Gefühls-Wörterkisten

Mir geht es gut	Mir geht es schlecht
begeistert	ängstlich
erleichtert	enttäuscht
gelassen	frustriert
glücklich	gelangweilt
gut gelaunt	genervt
neugierig	gestresst
ruhig	hilflos
selig	müde
wach	traurig
wohl	unglücklich
zufrieden	unwohl
zuversichtlich	verzweifelt

Aufgabe 6

1 | Nehmen Sie aus jeder Gefühls-Wörterkiste fünf Wörter und bilden Sie damit je einen aufrichtig gemeinten Satz nach dem folgenden Muster:
Ich bin morgens immer **neugierig**, was der Tag wohl bringen wird.
Ich fühle mich **gestresst**, wenn ich kurz vor Arbeitsschluss noch einen dringenden Auftrag erhalte.

2 | Ergänzen Sie den Inhalt der Gefühls-Wörterkisten mit zusätzlichen Wörtern.

Bedürfnisse klar formulieren

Martina: Wir könnten heute mal wieder zusammen ins Kino gehen.
Paul: Geht nicht. Ich habe mich für heute Abend mit Massimo verabredet.
Martina: Das darf doch nicht wahr sein! Ich bin dir wohl völlig egal! Jetzt habe ich die Nase endgültig voll! Du sagst die Verabredung ab oder …

In dieser Situation hat Martina sich von ihren Gefühlen leiten lassen. Sie hat ganz unbedacht und spontan reagiert. Vielleicht ist ihre Reaktion berechtigt. Vielleicht wird sie ihre spontanen Äusserungen aber später bereuen.

Spontaneität ist nicht eine positive Eigenschaft an sich. In Gesprächen ist es oft besser, seine Äusserungen zu überdenken, zu gliedern und sachlich vorzubringen.

Beispiel:

Martina: Du hast es jetzt schon mehrmals abgelehnt, mit mir etwas zu unternehmen (Beobachtung). Ich frage mich deshalb, wie wichtig dir unsere Beziehung noch ist (Schlussfolgerung). Ich fühle mich ziemlich verunsichert und ratlos (Gefühl). Bitte sage mir, wenn du dich nicht mehr für mich interessierst. Ich möchte wissen, woran ich bin (Bitte).

! Vier Schritte zur sachlichen Formulierung:

- Beobachtung
- Schlussfolgerung
- Gefühl
- Bitte

Aufgabe 7

Formulieren Sie zu drei Situationen eine passende, durchdachte Äusserung in vier Schritten.

Situation	durchdachte Äusserung
Mirdje ist im ersten Lehrjahr. Bisher hat sie vor allem geputzt und Kaffee gemacht. Das hat sie frustriert und verärgert. Auf einmal ergibt sich die Gelegenheit, mit der Ausbilderin zu sprechen.	Mirdje:
Herr Wehrli, ein langjähriger Kunde, hat im Laden einen Artikel in seine Umhängetasche gelegt. Eine Angestellte hat es bemerkt. Nun spricht sie ihn darauf an.	Angestellte:
Fabian und Fernando sind dicke Freunde. Auf einmal lernt Fabian ein Mädchen kennen und hat keine Zeit mehr für Fernando.	Fernando:
Samstagabend: Adrian hat seinen Eltern versprochen, um Mitternacht zu Hause zu sein. Tatsächlich erscheint er aber erst am frühen Morgen. Sein Vater stellt ihn zur Rede.	Vater:
Marlies Degen hat freiwillig Überstunden geleistet und das Büro ihres Chefs ordentlich aufgeräumt. Am nächsten Morgen beachtet der Chef das aufgeräumte Büro gar nicht und ist sehr mürrisch zu seiner Sekretärin.	Frau Degen:
Teamsitzung. Sie haben sich gut vorbereitet und machen drei Vorschläge, wie die Zusammenarbeit im Team verbessert werden könnte. Kollegin Dreyer bezeichnet all Ihre Ideen als unbrauchbar. Sie treffen sie nach der Sitzung.	Ich:

Aufgabe 8

Beschreiben Sie – analog zu Aufgabe 7 – zwei weitere Situationen, die eine Person dazu veranlassen, ihre Bedürfnisse zu formulieren. Lassen Sie anschliessend von einem Kollegen oder einer Kollegin zu jeder Situation eine durchdachte Äusserung präsentieren.

Verbale und nonverbale Kommunikation

Wir kommunizieren in erster Linie nicht mit der Sprache, sondern mit unserem Körper, unserem Gesicht, unserer Sprechweise. Man unterscheidet

- verbale Kommunikation: gesprochene oder geschriebene Sprache,
- nonverbale Kommunikation: nicht sprachliche Kommunikation.

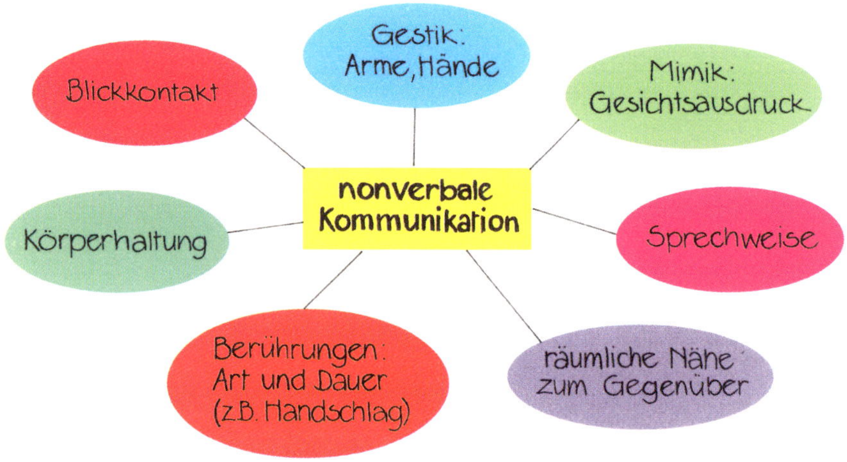

Aufgabe 9

Beschreiben Sie, wie Frau Agostini die Begrüssung durch Filialleiter Gerber in Fall **a** und **b** empfindet. Begründen Sie Ihre Ansicht.

Die verbale und die nonverbale Kommunikation können widersprüchliche Signale aussenden. Wenn Sie jemandem sagen: «Ich wünsche Ihnen einen schönen Tag», und Sie machen dazu ein abweisendes Gesicht – wie werden Ihre Worte dann verstanden? Achten Sie auf Ihre Sprechweise, Ihren Tonfall, Ihre Mimik, Ihre Gestik und auf Ihre Körperhaltung. Denn: Die nonverbalen Signale beeinflussen einen Kommunikationspartner stärker als die verbalen.

Ihre Körpersprache entscheidet darüber,
- ob die anderen Sie sympathisch finden,
- ob Ihre Aussagen andere überzeugen.

Sympathievermittlung und Überzeugungskraft

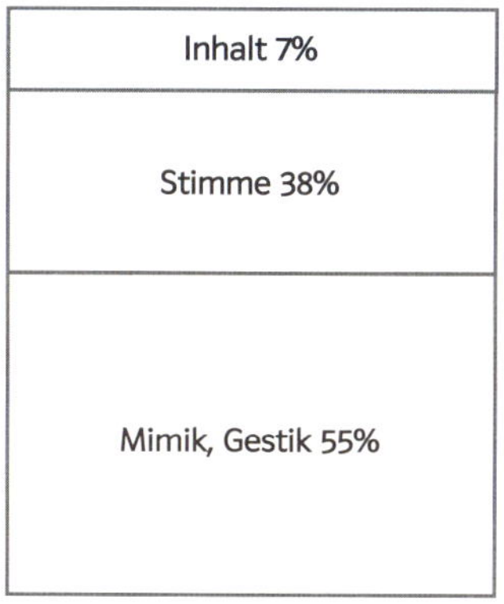

Aufgabe 10

Erstellen Sie eine Liste von verschiedenen nonverbalen Signalen.

Signal	Bedeutung
Augenbraue hochziehen	Missbilligung, Verachtung
Handschlag	Wertschätzung, Wohlwollen
Kopf schräg halten	Nachdenklichkeit, Aufmerksamkeit

Aufgabe 11

Skizzieren Sie in Worten zwei Kommunikationssituationen, in denen verbale und nonverbale Signale widersprüchlich sind. Spielen Sie die Situationen anschliessend der Klasse vor und überprüfen Sie, ob Ihre Kolleginnen und Kollegen die Widersprüche bemerkt haben.

Selbst- und Fremdbeurteilung: Kommunizieren

1. Erfinden Sie eine Kommunikationssituation. Entwerfen Sie ein Gespräch zwischen maximal drei Personen. Dabei sollen die folgenden Kommunikationsstörungen je einmal vorkommen:
   - Ein Gesprächspartner hört einmal nicht aktiv zu.
   - Eine Wertung wird ausgesprochen.
   - Eine Person äussert ihre Bedürfnisse unbedacht und unsachlich.
   - Ein widersprüchliches nonverbales Signal führt zu Verwirrung.
2. Beschreiben Sie der Klasse die Gesprächssituation kurz und führen Sie das Gespräch in einem Rollenspiel vor. Ihre Kolleginnen und Kollegen machen sich Notizen und teilen Ihnen in einem Feedback mit, ob sie die vier Kommunikationsstörungen erkannt haben.

8 Argumentieren und überzeugen

Lernziel: Ich unterscheide zwischen einer blossen Behauptung und einem Argument. Ich kann logisch, zielgerichtet und überzeugend argumentieren.

Warm-up

Welche Argumente wird der Autoverkäufer bei welchem Kunden oder welcher Kundin vorbringen? Ordnen Sie; es sind verschiedene Lösungen möglich. Vergleichen und diskutieren Sie anschliessend mit einer Kollegin oder einem Kollegen.

1

2

3

4

«Dieses Auto ist gerade für Sie besonders geeignet, weil ...

1 | Jugendlicher Lenker, braucht das Auto zum Ausgehen

2 | Hausfrau, fährt zum Einkaufen und mit den Kindern zur Musikschule

3 | Rentnerehepaar, unternimmt sonntags Autofahrten

4 | Hundehalterin, fährt mit Hund zum Spazieren an entlegene Orte

a | ... die Sitzbezüge pflegeleicht sind.

b | ... es einen sportlichen Fahrstil ermöglicht.

c | ... das Automatik-Getriebe komfortabel und sanft schaltet.

d | ... der Vierrad-Antrieb jedes Hindernis bewältigt.

e | ... es eine grosse Ladefläche bietet.

f | ... es beim Crash-Test mit der Bestnote abgeschnitten hat.

g | ... es frech und originell aussieht.

h | ... der Benzinverbrauch niedrig ist.»

Ein Kundengespräch führen bedeutet in der Regel auch argumentieren. Warum beispielsweise soll der Kunde, soll die Kundin gerade dieses oder jenes Produkt kaufen? Hier sind gute, das heisst überzeugende Argumente gefragt. Auch im Gespräch mit Kolleginnen, Lehrern oder Eltern ist es zuweilen nötig, wirkungsvoll zu argumentieren. Aber: Nur wer selbst überzeugt ist von dem, was er sagt, kann auch andere überzeugen. Zudem ist es wichtig, Argumente klar und logisch aufzubauen und zu formulieren.

Was ist ein Argument?

Ein Argument begründet eine Behauptung oder eine Forderung. Im Zusammenhang mit dem Argumentieren nennt man eine Behauptung auch *These*.

These (Behauptung)	Argument (Begründung)
Es ist verantwortungslos, vor dem Autofahren Alkohol zu konsumieren,	**weil** auch kleine Mengen Alkohol die Konzentration herabsetzen und die Unfallgefahr erhöhen.
Sport zu treiben, ist heute notwendiger denn je,	**da** wir uns im Alltag viel zu wenig bewegen.
Der Kauf dieses Fernsehgeräts ist sehr empfehlenswert,	**denn** es weist in seiner Preisklasse die beste Bildqualität auf.

Aufgabe 1

Formulieren Sie Argumente zu den folgenden Behauptungen oder Forderungen:

- Frauen sollten vermehrt in Führungspositionen vertreten sein, denn …
- Es ist richtig, dass Betriebe Kleidervorschriften für die Angestellten aufstellen, da …
- In der Schule sollten die Noten abgeschafft/beibehalten werden, weil …
- Spitzensport hat mit echtem Sport nichts mehr zu tun, denn …
- Videogames üben einen negativen Einfluss auf Jugendliche aus, da …

Ein Argument aufbauen

Je ausführlicher und systematischer ein Argument gestaltet ist, desto überzeugender wirkt es.

These: ***Jugendliche ab 16 Jahren sollten stimmen und wählen dürfen, …***

Argument:

denn die Entscheide des Stimmvolkes betreffen in erster Linie diese Altersgruppe.

denn die Entscheide des Stimmvolkes betreffen in erster Linie diese Altersgruppe. Die Jugendlichen müssen **nämlich** mit den Gesetzen, die andere eingeführt haben, später einmal leben oder auch unter ihnen leiden.

denn die Entscheide des Stimmvolkes betreffen in erster Linie diese Altersgruppe. Die Jugendlichen müssen **nämlich** mit den Gesetzen, die andere eingeführt haben, später einmal leben oder auch unter ihnen leiden. Wenn der Staat sich **beispielsweise** verschuldet, sind es die Jungen, die die Schulden zurückzahlen müssen.

Der folgende Aufbau hat sich beim Argumentieren bewährt:

These: ***Auch für Knaben ist es nützlich, wenn sie kochen und andere Hausarbeiten erledigen lernen, ...***

Argument:

Argument **nennen**	Argument **erklären**	Argument mit Beispiel **belegen** und veranschaulichen
weil ihnen diese Fähigkeiten später nützlich sein können.	Junge Männer müssen sich **nämlich,** wenn sie alleine leben, genauso um den Haushalt kümmern wie eine Frau. Zudem übernehmen Männer auch in einer Beziehung oft ihren Anteil an der Hausarbeit.	**So** kann die Arbeit zwischen Partnerin und Partner aufgeteilt werden: Die Frau kümmert sich **zum Beispiel** um das Kochen und um das Einkaufen, der Mann erledigt das Waschen und das Bügeln.

! So argumentiere ich überzeugend:

- nicht behaupten, sondern begründen
- Argument logisch aufbauen
  - → Argument nennen
  - → Argument erklären
  - → Argument belegen

Aufgabe 2

Stützen Sie die folgenden Thesen mit je zwei verschiedenen Argumenten. Führen Sie dabei jedes Argument in den dargestellten Schritten aus: nennen, erklären, belegen.

These 1: Es ist sinnvoll, dass Kinder von der 3. Klasse an Englisch lernen.
These 2: Geld allein macht nicht glücklich.
These 3: Eine Abgabe von Kreditkarten an Jugendliche ist verantwortungslos.
These 4: Heute ist Heiraten nicht mehr zeitgemäss.

Aufgabe 3

Formulieren Sie selber eine These. Fordern Sie anschliessend eine Kollegin oder einen Kollegen auf, Ihre These mit einem systematisch aufgebauten Argument zu unterstützen.

Aufgabe 4

Rollenspiel:
Entwerfen Sie ein Gespräch zwischen zwei Personen, in dem die eine Person die andere von etwas überzeugen will.
Beispiel: Der Sohn will die Mutter davon überzeugen, dass sie ihm einen Teil der Fahrschulkosten bezahlt; sie aber ist dagegen.
Spielen Sie das Gespräch der Klasse vor. Die Klasse beurteilt anschliessend, welche Partei überzeugender argumentiert hat.

Eine Überzeugungsrede halten

Argumente werden nicht nur im Gespräch vorgebracht. Es gibt auch Situationen, in denen man Gelegenheit hat, seinen Standpunkt ausführlicher darzustellen.

Beispiele
- Sie werden im Betrieb gebeten, aus der Sicht der Lernenden zu einem neuen Arbeitszeitmodell Stellung zu nehmen.
- Ihre Schule veranstaltet eine Projektwoche. Sie möchten, dass von Ihrer Klasse ein bestimmtes Thema bearbeitet werden soll, und präsentieren Ihre Argumente.

In diesen Fällen halten Sie eine kurze Rede, in der Sie mehrere Argumente nacheinander anführen, um die Zuhörenden zu überzeugen.

Eine Überzeugungsrede besteht aus den folgenden drei Teilen:

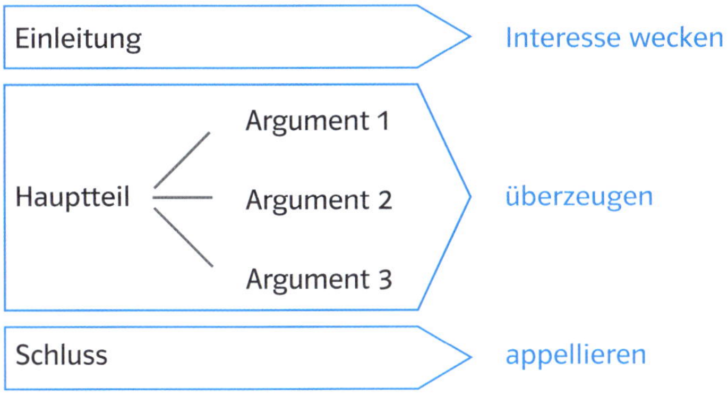

Beachten Sie für die Einleitung und für das freie Reden die Angaben auf den Seiten 17ff.
Als Schluss eignet sich für die Überzeugungsrede ein Appell.

Beispiel
«Darum sage ich: Frauen, wehrt euch! Männer, setzt euch für die Frauen ein!»

Aufgabe 5a

Erstellen Sie ein Stichwortkonzept für eine Überzeugungsrede zu einer der Thesen.

These 1: In der Arbeitswelt sollen Frauen den Männern gleichgestellt werden!

These 2: Ein Aufenthalt in einem fremdsprachigen Gebiet ist sowohl aus beruflicher als auch aus privater Sicht eine gute Sache.

Das ist meine Einleitung:

....

Diese drei Argumente baue ich logisch auf:

....

....

....

So lautet mein Schlusssatz:

....

! Für die Überzeugungsrede gilt:

- Argumente systematisch aufbauen;
- die 5 Grundsätze des freien Redens beachten (S. 18);
- Ich-Aussagen machen;
- Visualisierungen einsetzen;
- mit einem Appell abschliessen.

Aufgabe 5b

Erstellen Sie ein Stichwortkonzept zu einer von Ihnen gewählten These.

Mit zwei Mitteln können Sie die Wirkung Ihrer Überzeugungsrede noch erhöhen:

- Verwenden Sie **Ich-Aussagen** und drücken Sie Ihre **Gefühle** aus. So sprechen Sie Ihre Zuhörer auch emotional an.

Beispiele

Ich bin entsetzt, wenn ich feststellen muss, dass Frauen im Durchschnitt immer noch wesentlich weniger verdienen als Männer – und das für gleichwertige Arbeit!

Ich bewundere all die Frauen, die für die Gleichstellung von Mann und Frau gekämpft haben.

- **Veranschaulichen**, d.h. **visualisieren** Sie Ihre Worte, indem Sie z.B. einen Gegenstand zeigen oder eine Folie einsetzen.

Beispiele

Sie halten einen Kochlöffel hoch und sagen: «Viele Leute meinen immer noch, KOCHEN sei die Hauptaufgabe einer Frau.»

Sie zeigen auf Folie ein Diagramm, welches die Lohnungleichheit zwischen Mann und Frau veranschaulicht.

Aufgabe 6

Halten Sie vor der Klasse eine Überzeugungsrede von fünf Minuten Dauer zu einer von Ihnen gewählten These.

- Erstellen Sie ein Stichwortkonzept.
- Führen Sie drei Argumente systematisch und zielgerichtet aus.
- Beachten Sie die fünf Grundsätze aus dem Kapitel «Frei und sicher präsentieren» (S. 18).
- Setzen Sie mindestens zwei Visualisierungen und zwei Ich-Aussagen ein.

Selbstbeurteilung: Argumentieren und überzeugen

1 Bevor Sie die Überzeugungsrede halten: Überprüfen Sie Ihre Vorbereitungsarbeiten anhand der folgenden Checkliste.

	trifft zu	trifft nicht zu
Ich stelle keine unbegründeten Behauptungen auf.	☐	☐
Meine Rede enthält drei verschiedene Argumente.	☐	☐
Ich nenne, erkläre und belege alle Argumente ausführlich.	☐	☐
Ich habe Visualisierungen und Ich-Aussagen eingeplant.	☐	☐
Ich schliesse meine Ausführungen mit einem Appell ab.	☐	☐
Ich setze Stichwortkärtchen ein und achte auf den Blickkontakt.	☐	☐

2 Holen Sie nach der Rede ein Feedback von Kolleginnen und Kollegen ein:

Das ist mir gelungen:

....

....

....

Daran muss ich noch arbeiten:

....

....

....

9 Ideen sammeln und Inhalte strukturieren

Lernziel: Ich sammle und strukturiere Ideen mit Hilfe geeigneter Methoden. Ich weiss, was Mindmapping und Clustering sind, und ich wende beides in Beruf und Alltag an.

Warm-up

1 | Gehen Sie vom Begriff «Flugzeug» aus und notieren Sie ohne langes Nachdenken das erste Wort, das Ihnen dazu einfällt. Schreiben Sie dann ins dritte Feld, was Ihnen zum zweiten einfällt usw.

Beispiel

Zoobesuch – Affen – Klettern – Bergsteigen – Felsen

Flugzeug – ______ – ______ – ______ – ______

In dieser Übung verbinden Sie verschiedene Elemente miteinander. Die Verknüpfung von Vorstellungen, die **Assoziation**, ist beim Ideensammeln der «Motor», egal, ob Sie Ideen für einen Aufsatz, einen Vortrag oder für ein Geburtstagsfest suchen. Die Abfolge mehrerer miteinander verbundener Assoziationen nennt man eine Assoziationskette.

2 | Oberbegriffe fassen eine Vielzahl von Unterbegriffen zusammen. Sie sind deshalb allgemeiner als die Unterbegriffe. Geben Sie in der Tabelle die Oberbegriffe an:

Oberbegriff	Unterbegriffe			
Süssigkeiten	*Honig*	*Schokolade*	*Kuchen*	*Bonbon*
	Weizen	Roggen	Gerste	Dinkel
	Hass	Liebe	Eifersucht	Freude
	Internet	Telefon	Handy	Brief
	Teppich	Vorhang	Kissenbezug	Badetuch
	Oslo	Manila	Reykjavik	Lissabon

Wenn Sie z.B. ein Kapitel im Staatskundebuch lernen, strukturieren Sie – so wie in dieser Übung. **Strukturieren** meint (an-)ordnen und in Kategorien einteilen.

Aus der Gehirnforschung weiss man, dass bildliches Denken beim Strukturieren und Ideensammeln hilft. Wie dies geht, erfahren Sie auf den nächsten Seiten. Die Arbeitstechniken, die Ihnen vorgestellt werden, gehen zunächst vom freien Assoziieren aus und verbinden dieses schrittweise mit dem Ordnen und Gliedern (Strukturieren).

Brainstorming

Brainstorming heisst wörtlich übersetzt «Gehirnsturm».
Vor allem in Gruppen lassen sich damit sehr gut Ideen sammeln.

Vorgehen

1 | Während einer bestimmten Zeit (maximal 10 Minuten) nennen alle Gruppenmitglieder ihre Ideen zu einem Thema.

2 | Kommentare und Kritik sind nicht erlaubt!

3 | Die Teilnehmerinnen und Teilnehmer können die Ideen der andern weiterentwickeln.

4 | Alle Schlüsselwörter werden schriftlich festgehalten (Wandtafel, Poster, Notizzettel). Entweder schreiben alle auf ein Poster oder es wird ein Protokollführer gewählt.

5 | Nachbearbeitung: Oft ist es sinnvoll, die Ideen anschliessend zu diskutieren und zu ordnen. So kann beispielsweise jedes Gruppenmitglied mit Klebepunkten jene Ideen markieren, die es weiterverfolgen möchte. Anschliessend einigt sich die Gruppe über das weitere Vorgehen.

Brainstorming zum Thema «Lehrstelle suchen»

Aufgabe 1

Sammeln Sie in Gruppen Ideen zu einem für Sie aktuellen Thema oder zu einem der folgenden Punkte:

- das Klassenklima verbessern;
- die ideale Lehrlingsbetreuung;
- eine Schulreise planen.

Werten Sie das Brainstorming anschliessend aus, indem Sie entscheiden, welche Ideen Sie umsetzen möchten.

Clustering

Diese Methode ist vor allem geeignet, wenn Sie alleine Ideen sammeln, z.B. für einen Aufsatz oder für einen Vortrag. Der Cluster hilft Ihnen, Ihre Gedanken frei in alle Richtungen fliessen zu lassen, ohne bestimmte Reihenfolge. Am Schluss haben Sie eine bildliche Darstellung Ihres Gedankenflusses vor sich, die an einen Bund Trauben erinnert (Cluster bedeutet auf Deutsch «Traube» oder «Haufen»). Erst dann entscheiden Sie, welche Ideen Sie verwerfen und welche Sie weiterverfolgen wollen.
Der Cluster ist ein Ideennetz. Es fördert Ihr bildliches Denken und regt Sie an, Ideen aus Ihrem ganzen Erfahrungsschatz, der in Ihrem Gehirn gespeichert ist, zu nutzen.

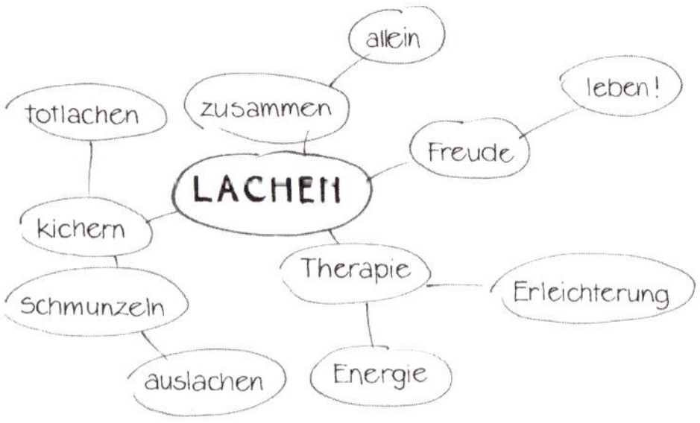

Vorgehen

Schreiben Sie den Kernbegriff in die Mitte eines unlinierten A4- oder A3-Blattes im Querformat und umkreisen Sie ihn. Notieren Sie nun alles, was Ihnen spontan dazu einfällt, und kreisen Sie die Wörter ein. Verknüpfen Sie mit Strichen, was zusammengehört.

Aufgabe 2

Erstellen Sie einen Cluster zum Thema «Zukunft».

Mindmapping

Mindmapping ist eine Notiztechnik, die auch das bildliche Denken einbezieht. Dabei werden die Inhalte nicht in Form von Listen dargestellt, sondern mit «Gedanken-Karten», auf Englisch «mind maps», anschaulich präsentiert. Sie ermöglichen es, Gedanken zu ordnen und zu überblicken. Eine Mindmap orientiert sich an der Struktur eines Baumes. Der Stamm steht im Zentrum, von dem aus Äste und Zweige in alle Richtungen abzweigen.

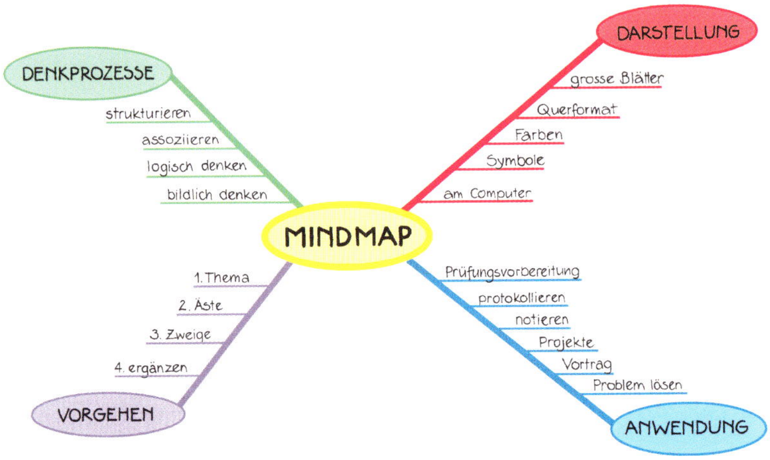

Vorgehen

1 | Schreiben (oder zeichnen) Sie das Thema in die Mitte des Blattes und umkreisen Sie den Begriff. Dies stellt den **Baumstamm** dar.

2 | Für die wichtigsten Punkte ziehen Sie Linien vom Zentrum an den Rand des Blattes. Diese Linien sind die **Äste**. Schreiben Sie die Schlüsselwörter am Ende des Astes auf und umkreisen Sie diese.

3 | Die weiteren Gedanken, die von den Ästen abhängen, schreiben Sie auf **Zweige**.

4 | Sie können jederzeit Äste und Zweige ergänzen.

Ich kann Mindmapping einsetzen, wenn ich
- Texte auswerten und ihre wesentlichen Inhalte im Gedächtnis behalten will (z.B. für Prüfungen);
- für mich Unterrichtslektionen, Telefonate oder Sitzungen protokolliere;
- Projekte in der Schule oder im Beruf mit anderen plane und durchführe;
- einen Vortrag, eine Facharbeit, einen Aufsatz oder ein wichtiges Gespräch vorbereite;
- ein Sprechmanuskript für einen Vortrag erstelle;
- einen Tagesplan erstelle;
- ein persönliches Problem für mich überschauen und lösen will.

! Darstellung:
- möglichst grosse Blätter im Querformat verwenden (breiteres Blickfeld);
- gerade oder nur leicht schräg schreiben – die Mindmap ist so einfacher lesbar;
- Äste mit breiten Linien zeichnen, Zweige mit dünnen;
- Begriffe auf den Ästen in Grossbuchstaben schreiben, diejenigen auf den Zweigen in Normalschrift;
- zur Unterstützung des Gedächtnisses Farben, Symbole oder kleine Zeichnungen verwenden;
- Mindmaps können auch am Computer erstellt werden (mit dem *MindManager* oder mit *freemind*).

Aufgabe 3

Im Delikatessengeschäft ist eine italienische Woche geplant. Die Projektleiterin hat ihre ersten Ideen ungeordnet notiert. Machen Sie aus der Ideensammlung eine übersichtliche Mindmap, sodass alle Mitarbeitenden des Delikatessengeschäfts sich schnell ein Bild machen können.

italienische Woche
Anlässe
Lachssaucen
Zusatzbestellungen
Plakate «italienische Woche»
Kochshow
Landesfähnchen
Ravioli
Landschaftsfotos
Dekoration
Chianti
Konzert mit italienischem Sänger
Salami

Aufgabe 4

Erstellen Sie eine Mindmap zum Thema «Meine Lehre».

Aufgabe 5

1 | Lesen Sie für sich den Text «Jugend im Minus» (S. 94/95) nach der SQ3R-Methode (S. 31) und erstellen Sie anschliessend eine Mindmap davon.

2 | Vergleichen Sie dann in einer Gruppe die verschiedenen Mindmaps. Begründen Sie deren Vorzüge und Nachteile.

Variante

Wählen Sie einen aktuellen Lernstoff aus, den Sie gut mit Mindmapping strukturieren können. Französischvokabeln eignen sich nicht, ein Kapitel aus einem Staatskundelehrmittel hingegen lässt sich in einer Mindmap übersichtlich darstellen.

Selbst- und Fremdbeurteilung: Ideen sammeln und Inhalte strukturieren

Stellen Sie sich folgende Situation vor: Sie bilden zu viert eine Schülerkommission, die einen Anlass an der Berufsschule organisiert (z.B. eine Themenwoche «Kein Alkohol am Steuer» oder ein Konzert). An der ersten Sitzung sammeln Sie Ideen und planen die ersten Schritte.

1. Machen Sie alleine einen Cluster oder führen Sie in der Gruppe ein Brainstorming durch, welches Sie anschliessend auswerten. Entscheiden Sie, welche Ideen Sie weiterverfolgen wollen.

2. Erstellen Sie zusammen auf einem Poster eine Mindmap zu Ihrem Projekt.

3. Beurteilen Sie Ihre Mindmap nach folgenden Punkten:
   - Inhalt: Welche Punkte fehlen, welche sind überflüssig?
   - Sind die Schlüsselbegriffe klar und treffend ausgewählt?
   - Sind die Über- und Unterordnungen logisch?
   - Darstellung: Sieht die Mindmap übersichtlich und ansprechend aus? Wie könnte man die Darstellung verbessern?

4. Alle Mindmaps werden im Klassenzimmer aufgehängt und miteinander verglichen.

10 Beschreiben

Lernziel: Ich kann Vorgänge, Gegenstände oder einen Weg genau und der Situation entsprechend beschreiben. Wenn es zweckmässig ist, ergänze ich die sprachliche Beschreibung mit Bildmaterial.

Warm-up

1 | Rollenspiel: Gespräch am Arbeitsplatz. In der Kaffeepause beschreibt jemand ein Missgeschick, das ihm widerfahren ist. Die anderen Gesprächsteilnehmer fragen nach und reagieren auf die Beschreibung. Spielen Sie diese Situation zu zweit oder zu dritt nach.

2 | Sie melden Ihrer Versicherung den auf dem Bild skizzierten Schadenfall. Neben einer Skizze wird auf dem Versicherungsformular auch eine schriftliche Beschreibung des Vorgangs verlangt. Beschreiben Sie diesen Vorgang in ein paar Sätzen.

! Klären Sie vor dem Beschreiben die folgenden zwei Punkte:

An wen richtet sich die Beschreibung? Je nachdem, ob Sie Ihrem Vorgesetzten einen fehlenden Verkaufsartikel oder einem Kollegen Ihr neues Handy beschreiben, verwenden Sie andere Wörter und Sätze.

Welchem Zweck dient die Beschreibung? Will ich etwas verkaufen, bluffen, informieren?

Die Situationen, in denen man etwas beschreibt, sind vielfältig. Folgende Arten von Beschreibungen werden oft verwendet:

- Gegenstandsbeschreibung
- Vorgangsbeschreibung
- Wegbeschreibung
- Bildbeschreibung
- Personenbeschreibung

In diesem Kapitel werden die ersten vier Formen der Beschreibung behandelt.

- Verwenden Sie das Präsens.
- Suchen Sie treffende Wörter und Ausdrücke.
- Machen Sie Vergleiche (z.B. «Die Tasche sieht wie eine riesige Banane aus.»).

Gegenstände beschreiben

Wichtig bei einer Gegenstandsbeschreibung ist nicht unbedingt Vollständigkeit, sondern Zweckmässigkeit. Wenn Sie einen verlorenen Gegenstand – z.B. ein verlorenes Fahrrad – wiederfinden wollen, so beschreiben Sie sein Aussehen möglichst genau. In einem Verkaufsprospekt weist man hingegen vor allem auf technische Eigenschaften, den Wert und den Verwendungszweck hin.

Aufgabe 1

1 | Geben Sie möglichst genau an, welchem Zweck die folgenden drei Gegenstandsbeschreibungen dienen und an wen sich die Texte richten. Erklären Sie ausserdem, welche Eigenschaften des Gegenstands vor allem beschrieben werden.

2 | Untersuchen Sie den Satzbau der drei Texte. Was fällt Ihnen auf?

Text A: Zettel am schwarzen Brett in der Berufsschule

Vermisst wird:

zylinderförmiges Etui, ca. 20 cm lang, aus schwarzem Jeansstoff mit Reissverschluss und aufgenähtem roten Stoffband. Im Etui sind eine Schere, ein schwarzer Füllfederhalter Marke Rotring sowie verschiedene Stifte aufbewahrt.
Finderlohn garantiert!
Bitte melden unter der Tel.-Nr. 078 835 31 30

Text B: Aus einem Katalog

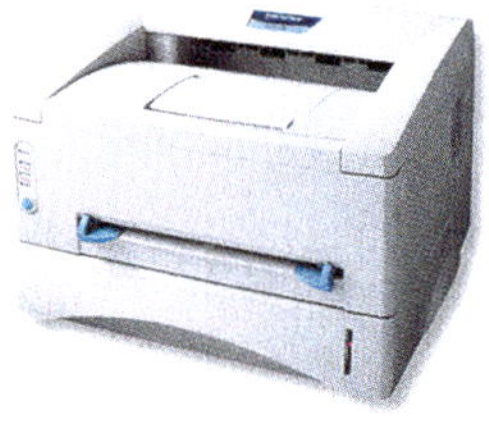

Farb-Laserdrucker

- Auflösung 1200x600 dpi
- bis zu 16 Seiten/Min.
- 200-Blatt-Papierzufuhr
- USB- und Parallel-Schnittstelle

Text C: Aus einer Zeitschrift

KARTENHALTER

Grüsse am Meter

Bald schicken uns die Liebsten wieder Kartengrüsse aus Städten, von den Bergen oder vom Strand. Grüsse, die genau richtig sind für Frida, die ranke und schlanke Kartenhalterin. Sie schluckt die Botschaften am Laufmeter. Erfunden hat die Schiene Gestalter Martin Blaser. Sie ist just einen Meter lang und archiviert mindestens sechs Karten. Passend zur Schiene gibts ein Kartenset. Dazu gehört die Sorryhattestdunichtkürzlichgeburtstagkarte.

Kartenhalter Frida 57 Fr., vierteiliges Kartenset 3 Fr., beides von Martin Blaser für Stahlblau; Infos: Stahlblau, Nydeggstalden 1a, Bern, Tel. 031 311 48 48

Aufgabe 2

Beschreiben Sie die Schuhe, die Sie gerade tragen:

1 | für einen Katalog:

....

....

....

....

....

2 | fürs schwarze Brett: Sie haben Ihre Schuhe nach der Turnstunde nicht mehr gefunden. Nun schreiben Sie einen Zettel fürs schwarze Brett und machen eine Zeichnung.

Lassen Sie sich dabei von der Wörterliste am Textrand inspirieren.

....

....

....

....

....

Wörter zum Beschreiben von Schuhen:

Schuhtypen: Sport- oder Freizeitschuhe, High Heels, Sandalen, Stiefel, Stiefeletten, Sneakers, Schnürschuhe

Teile, Material: Glattleder, Wildleder, Gummi, Absatz, Riemchen, Reissverschluss, Sohle, Ferse, Kappe

Eigenschaften: beige, elegant, sportlich, ausgeflippt, bequem

Vorgänge beschreiben

Die Vorgangsbeschreibung informiert über einen Verlauf oder einen Ablauf. Beispiele sind Kochrezepte, Bedienungsanleitungen, Spielregeln oder Arbeitsanweisungen. Anders als in der Gegenstandsbeschreibung spielt in der Vorgangsbeschreibung das zeitliche Nacheinander eine grosse Rolle. Aus diesem Grund verwenden Sie in einer Vorgangsbeschreibung in der Regel mehr Verben als in der Gegenstandsbeschreibung.

Aufgabe 3

1 | Lesen Sie das folgende Beispiel einer Vorgangsbeschreibung. Setzen Sie die Beschreibung in eine sechsteilige Bildfolge um. Verwenden Sie dazu ein A3-Blatt und Strichfiguren. Vergleichen Sie die Ergebnisse.

2 | Versuchen Sie, den Vorgang Ihrem Pultnachbarn in Mundart nachzuerzählen.

«Dumm gelaufen»

Auf dem Dachboden meines Hauses hatte ich Dachziegel gelagert. Da sich ein Käufer dafür gefunden hatte, musste ich sie herunterschaffen. Praktisch, wie ich bin, befestigte ich am Dachbodenfenster einen Balken mit einer Rolle. Über die Rolle leitete ich ein Seil und band an das eine Ende ein hölzernes Schaff*. Das andere Ende des Seiles band ich unten um einen Baum. Ich belud das Schaff oben mit Dachziegeln und ging dann nach unten, um es herunterzuziehen. Das mit Ziegeln voll geladene Schaff war jedoch schwerer als ich. Mit einem Ruck zog es mich zum Dachboden hinauf. Dabei sauste das Schaff an mir vorbei und schrammte mir die rechte Seite auf. Oben angelangt, stiess mein Kopf mit Wucht gegen den Balken. Als das Schaff unten aufprallte, fielen die Ziegel heraus. Das Schaff wurde dadurch leichter als ich, und ich sauste wieder abwärts. Dabei schrammte das hochfahrende Schaff meine linke Seite auf. Ich fiel hart aufs Strassenpflaster und beschädigte schmerzhaft mein Hinterteil. Vor Schreck liess ich das Seil los. Dadurch sauste das Schaff herunter und fiel mir auf den Kopf, wodurch ein erneuter Schaden entstand.

* Schaff = offenes Gefäss

http://www.versicherungsdienst-mueller.de/humor.html

Aufgabe 4

Lesen Sie die folgenden zwei Beispiele für Vorgangsbeschreibungen. Sie sind von der Form her verschieden. Notieren Sie die Vor- und Nachteile der jeweils gewählten Form.

Beispiel 1

Vorgangsbeschreibung mit direkter Anrede

Das Vokabelringbuch: Vokabeln lernen nach Themen

Legen **Sie** ein DIN-A5-Ringbuch an. Stellen **Sie** auf jeweils einer Seite das Vokabular zu einem Thema zusammen. Schreiben **Sie** das Thema als Überschrift oben auf die Seite. Hilfreich ist es auch, auf jeweils einer Seite Redewendungen zusammenzustellen, die **Sie** in bestimmten Gesprächssituationen benötigen. **Sie** werden schnell feststellen, dass sich Vokabeln in thematischen Zusammenhängen besser lernen und behalten lassen.

Nach: Découvertes 2

Beispiel 2

«Checklistenform»: Verben in den Infinitiv (Grundform) setzen.

Psychologische erste Hilfe bei einem Unfall

- Möglichst ruhig **handeln**.
- Sich der verletzten Person mit Namen **vorstellen**.
- Mit normaler Stimme **sprechen**. Die Verletzten über alles, was geschieht, **informieren**.
- Verletzte **abschirmen**. Zuschauer bestimmt, aber freundlich **wegschicken** oder zur Hilfeleistung **engagieren**.
- Beim Unfallopfer **bleiben** und vorsichtig Körperkontakt **aufnehmen**, z.B. seine Hand **halten**.
- Mit der verletzten Person **sprechen** und ihr aktiv **zuhören**.

Aus: Nothilfekurs ABC. Schweizerischer Samariterbund

Aufgabe 5

1 | Ihr Lehrbetrieb will ein Handbuch für neue Lehrlinge verfassen. Sie sollen für dieses Handbuch einen wichtigen Arbeitsablauf aus Ihrem Berufsalltag beschreiben. Formulieren Sie klar und möglichst exakt. Skizzen können Ihnen dabei helfen.

2 | Vergleichen Sie anschliessend Ihre Resultate in einer Gruppe von drei bis fünf Lernenden. Ein Gruppensprecher oder eine Gruppensprecherin präsentiert das beste Beispiel und begründet die Wahl.

Aufgabe 6

Wie kocht man Spaghetti Bolognese?
Schreiben Sie ein Rezept für ein Kochbuch.

Wegbeschreibung

Auch bei einer Wegbeschreibung kommt es darauf an, wem Sie den Weg erklären. Je nachdem, ob jemand ortskundig ist oder eine Örtlichkeit überhaupt nicht kennt, müssen mehr oder weniger Informationen in eine Beschreibung eingebaut werden.

- Erwähnen Sie einzelne Orientierungspunkte, Entfernungen und sonstige Besonderheiten.
- Wichtig ist die Verwendung korrekter Präpositionen (neben, zwischen, auf, bis, hinter usw.).
- Bei einer schriftlichen Wegbeschreibung können Sie allenfalls aus dem Internet einen Plan herunterladen und ihn anschliessend mit Zeichen, wie z.B. Pfeilen, ergänzen.

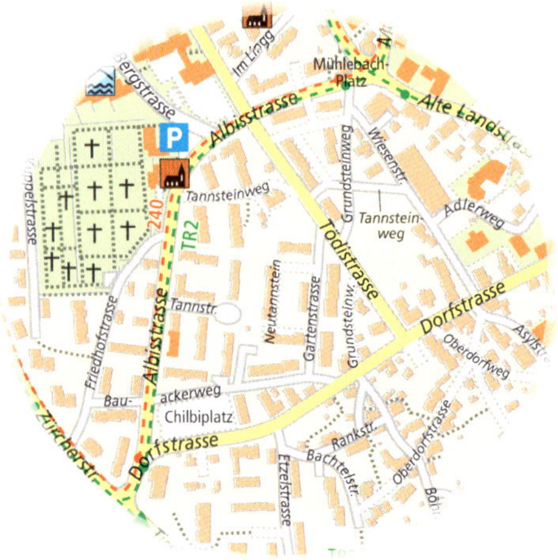

Wie man den Standort eines Fahrzeugs einer Carsharing-Firma findet

Standortbezeichnung: 8800 Thalwil/Neutannstein
Adresse: Neutannstein 8/PP 8
Zugang: Bus 2 oder 240 bis Mühlebachplatz.
Von der Albisstrasse links in die Tödistrasse, dann rechts in die Gartenstrasse einbiegen.
Standort Fahrzeug: Parkplatzareal vor der Überbauung Neutannstein
Fahrzeug: 1 Kombi

In dieser Wegbeschreibung geht es darum, möglichst knapp und klar zu beschreiben. Deshalb ist die Checklistenform gewählt worden.

Aufgabe 7

Ein Lehrling fragt Sie am Tag vor seinem ersten Berufsschulbesuch, wie er vom Bahnhof zur Berufsschule gelangt. Geben Sie ihm eine möglichst einfache, klare und hilfreiche Antwort in der Standardsprache.

Aufgabe 8

Sie wollen am Wochenende mit einigen Freunden ein Fest in Ihrer Region besuchen. Sie schreiben Ihren Freunden eine E-Mail, der Sie einen Lageplan beifügen. Suchen Sie deshalb im Internet einen passenden Kartenausschnitt und verfassen Sie die vollständige E-Mail. Vergessen Sie nicht, den Lageplan mit ein paar Sätzen zu erklären.

Bilder beschreiben

Bei einer Bildbeschreibung ist es wichtig, zunächst in ein bis zwei Sätzen das Gesamtbild zu beschreiben. Anschliessend beschreibt man in klarer und übersichtlicher Reihenfolge die einzelnen Bildinhalte. Bei Fotografien oder Gemälden werden zudem zu Beginn der Beschreibung der Name des Künstlers, der Bildtitel sowie die Entstehungszeit angegeben. Bei Gemälden sollte auch das Material (z.B. «Öl auf Leinwand») vermerkt werden.

!

- **Verwenden Sie Präpositionen und Wendungen wie *oben, unten, links, rechts, im Vordergrund, im Mittelgrund, im Hintergrund, im Zentrum* usw.**
- **Unterscheiden Sie objektive (beobachtbare Fakten) und subjektive Eindrücke (persönliche Eindrücke und kurze Kommentare).**

Aufgabe 9

Nehmen Sie von zu Hause eine Postkarte oder eine Fotografie mit. Beschreiben Sie diese genau und detailliert.

Selbstbeurteilung: Beschreiben

1. Ich weiss, welche Formen von Beschreibungen am häufigsten gebraucht werden. ☐ ja, nämlich ☐ nein

....

....

....

....

....

2. Ich weiss, in welcher Zeitform Beschreibungen verfasst werden. ☐ ja, nämlich ☐ nein

....

	trifft immer zu	trifft meistens zu	trifft kaum zu	trifft nie zu
3. Beim Beschreiben kann ich meine Inhalte und meine Formulierungsweise der Kommunikationssituation anpassen. So achte ich beispielsweise bei der Gegenstandsbeschreibung auf den Zweck (Anpreisen/Verkaufen eines Gegenstandes; Suchen eines vermissten Gegenstandes) und auf den Adressaten.	☐	☐	☐	☐
4. Ich beschreibe sowohl mündlich als auch schriftlich klar. Meine Beschreibungen sind für andere verständlich und gut nachvollziehbar.	☐	☐	☐	☐
5. Mein Text/mein Reden ist grammatikalisch korrekt.	☐	☐	☐	☐

11 Erzählen

Lernziel: Ich kenne Methoden, um eine schriftliche Erzählung spannend und klar aufzubauen. Dabei nutze und fördere ich meine Fantasie, die im Alltag und im Beruf eine wichtige Rolle spielt.

Warm-up

1 | Lesen Sie die Erzählung «Sonnenbrand» von Milena Moser, deren Schluss hier nicht abgedruckt ist. Eine genaue Lektüre lohnt sich, denn dieser Text ist die Grundlage für die meisten Übungen dieses Kapitels.

2 | Was geschah zwischen dem Mann und der Frau vor dem Besuch im Strandbad? Wie stehen die beiden jetzt zueinander? Heben Sie entscheidende Textstellen hervor.

3 | Nennen Sie charakteristische Merkmale einer Erzählung. Worin unterscheidet sich eine Erzählung vom Tagebucheintrag und vom Roman?

Sonnenbrand

Du??

Seine Begeisterung hielt sich in Grenzen. Er öffnete nicht einmal die Tür ganz. Ich lächelte tapfer darüber hinweg.

Kommst du mit ins Strandbad?

Ins Strandbad? Muss das sein?

Mhm.

Er wand sich, er suchte nach Ausreden, er kratzte sich am Ohr, aber vergebens. Ich senkte den Kopf und sah ihn unter meinen Haarsträhnen hervor bittend an.

Es sind doch nur ein paar Stunden, sagte ich leise.

Darauf wusste er nichts mehr zu erwidern. Nicht nach allem, was er mir angetan hatte. Er öffnete die Tür ganz, bat mich mit einer Handbewegung einzutreten und verschwand in der Wohnung. Ich schloss die Tür hinter mir, aus dem Hintergrund drangen Radioklänge und leise Stimmen. Ich stand einfach da und nagte an meinen Haarspitzen, während er geschäftig hin und her lief, sein Badetuch zusammenrollte, seine schwarze Brille polierte und die Zeitung sorgfältig neu faltete. Dabei belästigte ich ihn in keiner Weise. Langsam entspannte er sich ein bisschen. Ich liess ihn eine Weile herumtrödeln, dann hob ich meine Tasche auf und lächelte sanft.

Gehen wir, sagte ich.

Wir fuhren mit der Tram durch die halbe Stadt, und er schwieg. Er schwieg die ganze Zeit. Ich beobachtete ihn aus den Augenwinkeln. Schweiss tropfte von seiner Stirn und verklebte seine Haare, diese wohlfrisierten, rötlich blonden Locken, auf die er so stolz war. An den Schläfen zeigten sich winzige rote Tupfer. Erste Anzeichen einer Sonnenallergie. Er schob die Unterlippe vor und pustete sich eine Locke aus der Stirn. Er litt. Ich sah es ihm an. Ich musste mich abwenden, damit er meinen Blick nicht sehen konnte. Der alles verraten hätte.

Es war gegen zwei Uhr nachmittags, als wir ins Strandbad kamen. Die Sonne brannte heiss, die Tücher lagen dicht nebeneinander, Schatten gab es nicht. Ich suchte einen Platz an der Mauer, die die Hitze noch zusätzlich reflektierte. Umständlich breitete ich meine Badematte aus, legte ein Frottétuch darüber und strich es sorgfältig glatt. Ich zog mich langsam, aber sachlich aus, legte mich auf den Rücken und sah ihn gar nicht an. Er stöhnte gequält auf und warf Hilfe suchende Blicke um sich. Aber es blieb ihm nichts anderes übrig, als sein Tuch neben meines ins schmutzige Gras zu legen. Er zog sich aus. Seine Badehose stammte noch aus Schultagen und war mit Schwimmabzeichen übersät. Seine Haut war ganz weiss. Er konnte keine

Sonne vertragen. Normalerweise mied er sie, so gut er konnte. Ein Nachmittag im Strandbad war eine angemessene Strafe für ihn. Vorsichtig liess er sich neben mir nieder, einen sicheren Abstand zwischen uns einhaltend. Zehn Zentimeter Gras sprossen zwischen unseren Tüchern.

Hier, sagte ich und reichte ihm eine Tube Sonnencreme mit Lichtschutzfaktor 16, hier, reib dich ein.

Oh, danke.

Er sah mich neugierig und prüfend an.

Das ist nett von dir, vielen Dank, sagte er noch einmal.

Sorgfältig begann er, seinen weissen Körper einzureiben. Er liess sich Zeit. Ich drehte mich auf den Bauch und versteckte ein Lächeln hinter meinen Ellbogen. Die Sonnencreme hatte ich selber hergestellt und in eine leere Tube abgefüllt. Aber das sagte ich ihm nicht. Natürlich nicht.

Ich schloss die Augen. Die Sonne brannte immer heisser. Kinder kreischten, Bienen summten, die Dusche spritzte. Ameisen krabbelten über meine Haut, nackte Füsse stiessen mich an, Federbälle und Frisbees flogen tief. Erdbeereis tropfte auf meine Schenkel. Im Gras lagen Zigarettenstummel und alte graue Kaugummis. Von Weitem plärrten verschiedene Radios durcheinander. Ich hörte ihn atmen. Unregelmässig. Unglücklich. Wunderbar.

Als ich die Augen öffnete, lag sein Gesicht dicht neben meinem.

Er blinzelte.

Wir müssen ernsthaft miteinander reden, flüsterte er.

Ich reagierte nicht.

Du bist ein nettes Mädchen, fuhr er ungerührt fort, aber wenn du mich weiter so belästigst, können wir nicht einmal Freunde sein. Und das wäre doch schade, oder etwa nicht?

Was für ein Idiot! Wirklich! Was für ein Idiot!

Du hast ja Recht, sagte ich folgsam. Es tut mir leid. Es wird auch nicht mehr vorkommen.

Das mindestens war die Wahrheit. Ich hatte genug von ihm. Belästigt? Natürlich hatte ich ihn belästigt. Und? Der Junge hatte einfach keine Nerven.

Wirklich. Es wird nicht mehr vorkommen.

Die Erleichterung in seinem Blick war sogar durch die schwarze Brille zu sehen. Ich drehte mich auf die andere Seite und biss in meinen Unterarm.

Ich geh mal unter die Dusche, sagte er, kommst du mit?

Als ich nicht reagierte, klatschte er mir seine heisse, nasse Hand auf den Rücken. Er konnte nicht schwimmen. Aber duschen konnte er. Ich beobachtete ihn unter meinem Arm hindurch. Er war jetzt richtig fröhlich. Er tänzelte unter dem kalten Wasser, spritzte und prustete und schüttelte seine nassen Haare. Lachte sogar. Schulterrollend kam er zurück und warf sich laut atmend auf sein Tuch, als hätte er eben zweimal den See überquert. Ich richtete mich auf und musterte ihn sorgfältig. Seine Haut war jetzt mit roten Flecken übersät. Er stützte sich auf die Ellbogen, legte den Kopf in den Nacken und schloss die Augen. Seine Haare hingen tief in seinen Rücken und tropften. Das Wasser verdunstete auf seiner Haut.

Vergiss nicht, dich frisch einzureiben, sagte ich sanft. Du bekommst sonst einen Sonnenbrand.

Hmmm.

Er griff nach der Tube und schraubte den Deckel ab. Er schnupperte. Ich hielt den Atem an. [...]

Aus: Milena Moser: Sonnenbrand

Im Folgenden werden Ihnen die wichtigsten Elemente der Erzählung im Überblick vorgestellt. Danach erfahren Sie Schritt für Schritt, wie man eine Erzählung spannend aufbaut.

> «Erzählen ist das älteste Spiel, das zu spielen sich lohnt.» Federico Fellini

Elemente der Erzählung

Erzählung ist die Darstellung von fiktiven (erfundenen) Ereignissen.
Handlung ist das, was passiert.
Figuren sind Menschen, Tiere oder sonstige Wesen, die in einer Erzählung vorkommen.
Schauplätze sind die Orte, an denen die Erzählung handelt (Handlungsorte).
An den **Wendepunkten** einer Erzählung geschieht etwas Überraschendes. Einer Figur eröffnet sich eine neue Möglichkeit oder ihre Lebenssituation verändert sich.
Der **Höhepunkt** ist der spannendste Moment einer Erzählung. Er liegt in der Regel kurz vor dem Schluss.
Spannung: Damit ist die Neugier oder das Mitgefühl des Lesers einer Erzählung gemeint. Im Verlaufe einer Erzählung sollte die Spannung steigen.
Erzählperspektive: Erzählungen können in der dritten Person (Er- oder Sie-Erzählung) oder in der ersten Person (Ich-Erzählung) wiedergegeben werden.

> **! Ein guter Anfang**
> - verrät nicht zu viel;
> - versetzt den Leser mitten in eine Situation;
> - erzeugt Erwartungen oder vermittelt eine interessante Stimmung.

Der Anfang

Der Anfang einer Erzählung ist ein wichtiger Textteil. Wenn es einem Verfasser nämlich nicht gelingt, die Leserin neugierig zu machen und in die Geschichte hineinzuziehen, wird diese die Erzählung kaum zu Ende lesen. Ein packender Einstieg ist beispielsweise ein Erzählanfang, der die Leserin mitten in eine Situation versetzt:

«Ich konnte diesem öden Motelparkplatz ausserhalb einer Stadt keine Stimmung abgewinnen, obwohl der Föhn wehte, die Berge sichtlich strotzten in ihrer Urchigkeit und eine Abendröte den Himmel für kurze Zeit feurig verschleierte.»

Nach: Andrea Simmen: Mops

Hier kann sich die Leserin gleich den Schauplatz aus der Sicht eines noch unbekannten «Ich» vorstellen. Und sie will nun erfahren, weshalb dem Ich-Erzähler diese Landschaft nicht gefällt.

Aufgabe 1

Motiviert der Anfang von «Sonnenbrand» zum Weiterlesen? Weshalb (nicht)?

Aufgabe 2

Formulieren Sie den folgenden Anfang packender:

«Der Held der Geschichte hiess Anton. Die Geschichte setzte an einem Sommerabend in einem Freibad ein, das sich allmählich zu leeren begann.»

....

....

Der Schluss

Der letzte Eindruck einer Geschichte bleibt als Nachhall im Gedächtnis des Lesers und ist deshalb oft entscheidend für sein Urteil.

Aufgabe 3

Verfassen Sie einen möglichen Schluss zur Geschichte «Sonnenbrand» von Milena Moser (vgl. S. 70/71).

! Ein guter Schluss

- zieht sich nicht zu lange hin;
- bringt möglicherweise eine Überraschung;
- schliesst die Geschichte logisch ab (sonst wirkt er unglaubwürdig, unnatürlich oder angehängt).

Die Handlungskette

Beim **chronologischen Erzählen** folgt die Handlung dem Ablauf der Zeit: Was geschieht zuerst, danach und dann?

Rückblenden greifen von einem «Jetzt» (z.B. Abend) der Erzählung auf frühere Ereignisse (Mittag) zurück.

Die **Spannung** steigt im Verlaufe einer Erzählung. Doch wie entsteht Spannung? Sie entsteht einerseits dadurch, dass der Leser mehr weiss als die Hauptfigur, andererseits auch durch Zurückhalten von Information. Fragen bleiben für den Leser am Anfang und im Mittelteil der Geschichte offen: Was wird geschehen? Warum geschieht dies? Wer wird siegen?

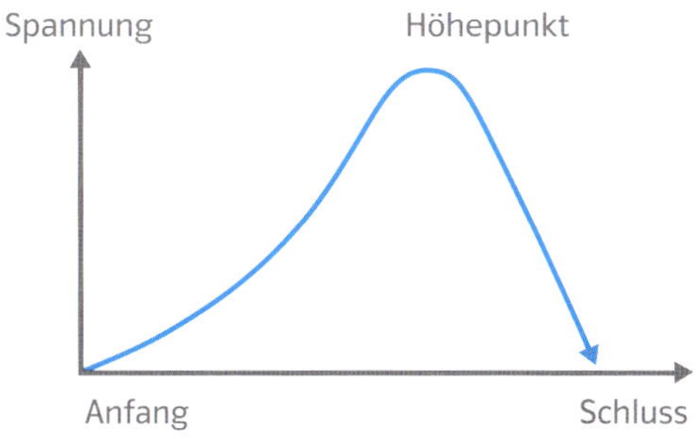

Aufgabe 4

1 | Wie baut Milena Moser in «Sonnenbrand» die Spannung auf?

2 | Heben Sie in «Sonnenbrand» im Abschnitt von Zeile 30 bis 44 (von «Er konnte keine Sonne vertragen» bis «Unregelmässig. Unglücklich.») die Rückblende hervor.

! So wird der Höhepunkt zum spannendsten Moment:

- Situation genau schildern;
- Gedanken der Hauptfigur wiedergeben.

> **!** **Figuren und Schauplätze wirken lebendig, wenn ich von Folgendem eine Vorstellung habe:**
>
> **Figuren:** Name, Alter, Beruf, Aussehen, Charakter, Beziehungen der Figuren zueinander …
>
> **Schauplätze:** Jahreszeit, Tageszeit, Stimmung …
>
> **Tipp:**
> sprachliche Bilder (vgl. S. 101) und treffende Adjektive verwenden.

Figuren und Schauplätze

Figuren und Schauplätze werden in Erzählungen manchmal recht ausführlich beschrieben, manchmal genügen jedoch auch ein paar wenige Angaben, weil die Leserin Fehlendes in ihrer Fantasie ergänzen kann. Sie will dabei aber vom Text angeleitet werden! Beim Schreiben einer Erzählung muss der Verfasser oder die Verfasserin deshalb eine klare Vorstellung von den Figuren sowie den Schauplätzen haben.

Aufgabe 5

1 | Heben Sie in Milena Mosers «Sonnenbrand» die Textstellen hervor, in denen die Badeanstalt beschrieben wird. Können Sie sich den Schauplatz gut vorstellen?

2 | Stellen Sie sich ein Freibad vor – z.B. überfüllt an einem Hitzetag oder fast leer kurz vor einem Gewitter. Beschreiben Sie das Freibad in ein paar Sätzen als Schauplatz einer möglichen Erzählung. Vergleichen Sie Ihren Text mit demjenigen Ihres Pultnachbarn.

Sprache und Stil

Erzählungen sind im **Präteritum** verfasst (ganz selten im Präsens). Das Plusquamperfekt drückt die Vorzeitigkeit einer Handlung aus, d.h., diese Handlung liegt noch weiter zurück als das Geschehen im Präteritum.

Beispiel

Darauf **wusste** (Präteritum) er nichts mehr zu erwidern. Nicht nach allem, was er mir **angetan hatte** (Plusquamperfekt).

Eine Erzählung kann lebendiger werden durch:

- sparsam und damit wirksam eingesetzte **Dialoge** (in direkter oder indirekter Rede)
- **Ausrufe**
- **innere Monologe**
  Beispiel: Ich stand vor dem Juweliergeschäft. *Sollte ich es wagen?*
- **Satzbau**: Wechsel von langen und kurzen Sätzen

Aufgabe 6

Der innere Monolog: Lesen Sie nochmals die ersten zehn Zeilen der Erzählung «Sonnenbrand» (S. 70) und erzählen Sie den Vorgang neu aus der Sicht des jungen Mannes. Was denkt er, als er die Frau an der Tür sieht oder als er sich am Ohr kratzt?

Aufgabe 7: Zusammenfassende Übung

1 | Unten ist der erste Teil einer Erzählung abgedruckt, die ein Handelsschüler verfasst hat. Lesen Sie diesen Text.

2 | Weshalb motiviert Ihres Erachtens der Anfang der Erzählung (nicht) zum Weiterlesen (Zeile 1–6)?

3 | Welche stilistischen Mittel setzt der Autor Stephan Fuchs ein?

4 | Wo wird im Text der Schauplatz beschrieben?

5 | Erstellen Sie aufgrund der Angaben einen Steckbrief von Celzo oder von Finnley (Name, Alter, Beruf, äussere Merkmale, Charaktereigenschaften usw.). Vervollständigen Sie den Steckbrief mit selbst erfundenen Merkmalen und unterstreichen Sie diese.

Finsternis

Der dreissigjährige Mann sass in seinem kleinen Arbeitszimmer und schaute aus dem Fenster, während ihm sein langes schwarzes Haar tief ins Gesicht hing. Das leere Blatt lag vor ihm auf dem Schreibtisch und schien genauso leer zu sein, wie es sein Kopf war. Celzo Livingston war Schriftsteller.

Eigentlich gab es da draussen nichts Besonderes. Da waren einige Nachbarhäuser, Bäume und die Quartierstrasse. Kinder spielten auf Parkplätzen und Vögel sangen ihre beschwingten Lieder. Einige wenige Autos suchten sich ihren Weg und der Botenjunge trug gerade seine Zeitungen aus. Es war ein wolkenloser Maitag. Nichts Besonderes.

Celzo hatte bisher zwei Bücher geschrieben, wovon eines ein Flop und das andere ebenfalls unterdurchschnittlich erfolgreich gewesen war. Aber er glaubte an sich und wollte sich mit seinem nächsten Werk selbst beweisen, wozu er fähig war. Das Blatt war leer.

Was wäre, wenn ich den Tag in Finsternis verwandeln könnte?, fragte er sich in Gedanken und legte damit den Grundstein zu seiner Idee, einer Naturkatastrophe. Eine Sonnenfinsternis, das war es. Der nächste Schritt war die Entwicklung von Figuren. Er nahm eines der weissen Blätter und skizzierte sich einen blonden Mann mit tiefgrünen Augen. Er sollte etwas dümmlich sein, jedoch sehr mutig und geschickt. Er sollte aufrichtig sein, jedoch manchmal auch falsche Entscheidungen treffen. Celzo zeichnete ihm eine athletische Figur und ein schönes Gesicht, aber er bekam eine etwas breite Nase. «Finnley», flüsterte Celzo entzückt. Er nahm ein weiteres Blatt und begann eifrig zu schreiben. Es würde später als das Werk seines Lebens bekannt werden. [...]

Stephan Fuchs

Selbst- und Fremdbeurteilung: Erzählen

1. Setzen Sie die Erzählung «Finsternis» sinnvoll fort oder schreiben Sie eine Erzählung zum Thema «Ein Unfall in der Badeanstalt». Bevor Sie zu schreiben beginnen, sammeln Sie in einem **Cluster** Ideen und ordnen diese in einer **Mindmap**. Tipp: Orientieren Sie sich beim Ideensammeln an den «Elementen der Erzählung» (vgl. S. 72).

2. Besprechen Sie Ihre Erzählungen zu zweit. Geben Sie Ihrem Lernpartner oder Ihrer Lernpartnerin eine Rückmeldung mit Hilfe des unten stehenden Selbst- und Fremdbeurteilungsbogens.

	Selbstbeurteilung				Fremdbeurteilung			
	trifft immer zu	trifft meistens zu	trifft kaum zu	trifft nie zu	trifft immer zu	trifft meistens zu	trifft kaum zu	trifft nie zu
Die Handlung der Erzählung ist glaubwürdig.	☐	☐	☐	☐	☐	☐	☐	☐
Der Anfang der Erzählung packt den Leser/die Leserin.	☐	☐	☐	☐	☐	☐	☐	☐
Man merkt dem Text an, dass der Verfasser/die Verfasserin eine klare Vorstellung der Schauplätze und Figuren hat.	☐	☐	☐	☐	☐	☐	☐	☐
Die einzelnen Erzählschritte sind folgerichtig und nachvollziehbar angeordnet.	☐	☐	☐	☐	☐	☐	☐	☐
Der Schluss passt zur Erzählung. Er rundet sie gut ab oder bringt eine Überraschung. Der Schluss ist nicht zu lang.	☐	☐	☐	☐	☐	☐	☐	☐
Es werden stilistische Mittel, wie Dialoge, innere Monologe oder Ausrufe, passend eingesetzt.	☐	☐	☐	☐	☐	☐	☐	☐
Die Wortwahl ist treffend.	☐	☐	☐	☐	☐	☐	☐	☐
Der Text ist sprachlich korrekt (Grammatik, Rechtschreibung, Zeichensetzung).	☐	☐	☐	☐	☐	☐	☐	☐

Wenn nicht: Wo gibt es Schwächen? ....

....

....

12 Texte korrigieren

Lernziel: Ich achte beim Verfassen von Texten auf eine korrekte Schreibweise. Dabei setze ich die zur Verfügung stehenden Hilfsmittel ein und wende meine Kenntnisse in Rechtschreibung, Grammatik, Satzlehre und Zeichensetzung an.

Warm-up

1 | Erklären Sie einer älteren Person die Aussage der drei Texte.

- Also Sweety I wish you encore un vraiment nice evening und I hope tu will have encore viel spass
- Und, fliissig am beache? Eniwei, rocks no so! :) änd dänce the houl näit sruuuu! Piis nico
- Hey kili hili bili! Wie esches höt gsi idr schuel? Sendr abgschprötzt wordä? Chch. Mer händs isi gha. Hdmg.

Aus: Thomas Iseler und Daniel Puntas Bernet: «Los doch eifach mal uf dUssag, ok?»

Wenn Jugendliche unter sich per SMS oder E-Mail kommunizieren, dürfen sie sich sprachliche Freiheiten erlauben.

2 | Korrigieren Sie die Mail hinsichtlich Druckfehler, Rechtschreibung und Zeichensetzung. Ändern Sie die Zeilen so ab, dass die Mail höflicher und ansprechender wirkt.

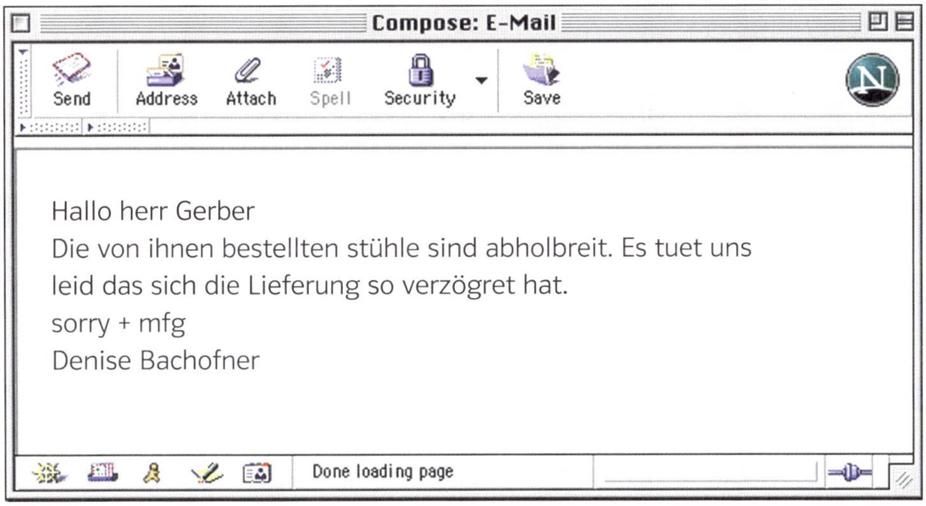

Hallo herr Gerber
Die von ihnen bestellten stühle sind abholbreit. Es tuet uns leid das sich die Lieferung so verzögret hat.
sorry + mfg
Denise Bachofner

Im geschäftlichen E-Mail-Verkehr wird auf eine korrekte Schreibweise und auf Höflichkeit geachtet.

> Im privaten Mail- und SMS-Verkehr ist Kreativität gefragt; sprachliche Regeln gelten hier kaum. Im Umgang mit Ämtern, in der geschäftlichen Kommunikation sowie in der Schule ist es hingegen nötig, korrekt und gut verständlich zu formulieren. Dabei helfen Ihnen einerseits Ihre Kenntnisse in Grammatik und Rechtschreibung sowie Satzlehre und Zeichensetzung. Andererseits können Sie sich auf Hilfsmittel stützen: auf elektronische Rechtschreibprogramme und auf den Rechtschreibduden. Setzen Sie also all Ihre Kenntnisse ein und verwenden Sie die zur Verfügung stehenden Hilfsmittel, denn: Nur ein fehlerfreier Text kann wirklich überzeugen!

! Texte korrigieren

1. Genug Zeit für Korrekturen einplanen
2. Rechtschreibprogramm einsetzen (am PC)
3. Text sorgfältig durchlesen
4. Alle Kenntnisse der Rechtschreibung, der Grammatik und der Zeichensetzung anwenden
5. In Zweifelsfällen im Duden nachschlagen
6. Wenn erlaubt: Text korrigieren lassen

Elektronische Rechtschreibhilfen

Rechtschreibung

Gemäss einer Internetumfrage lauten die häufigsten Rechtschreibfehler: *garnicht*, *du hälst* und *totlangweilig*. Oft falsch geschrieben werden *desweiteren*, *wiederspiegeln*, *vorraus* und *läd* (vom Verb laden). Falschschreibungen wie *entgültig*, *wiederlich*, *Rechtssprechung*, *seperat*, *Entgeld*, *Entäuschung*, *währe* (vom Verb sein), *eigendlich*, *beherschen*, *Standart* und *für's* (von für das) tauchen ebenfalls auf den vorderen Plätzen der Rangliste auf.

> Cursor an den Anfang des zu korrigierenden Textes setzen.
> Unter Menü «Extras» den Punkt «Rechtschreibung und Grammatik» auswählen.
> Korrekte Schreibweise auswählen und auf «ändern» klicken.

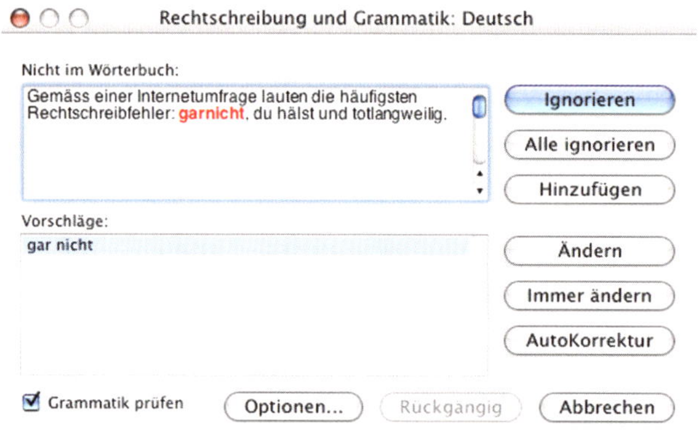

So sehen die kursiv gedruckten Wörter nach der Überarbeitung mit dem Rechtschreibprogramm aus:
gar nicht, hältst, todlangweilig, des Weiteren, widerspiegeln, voraus, lädt, endgültig, widerlich, Rechtssprechung, separat, Entgelt, Enttäuschung, währe, eigentlich, beherrschen, Standart, fürs.

Drei Wörter sind immer noch falsch geschrieben. Deshalb:

Das Rechtschreibprogramm verwenden – unbedingt!
Sich darauf verlassen – auf keinen Fall!

Aufgabe 1

1 | Streichen Sie die drei falsch geschriebenen Wörter durch. Notieren Sie hier die korrekte Schreibweise.

....

....

2 | Diktieren Sie einander die 18 Begriffe aus der «Hitliste der Rechtschreibfehler» und korrigieren Sie das Geschriebene anschliessend.

Grammatik

Das Rechtschreibprogramm erkennt auch grammatische Fehler.

Meine Schwester und ich *mag* keine Hunde, die die ganze Zeit nur bellen. Noch schlimmer aber sind Leute, die einem wie Hunde ankläffen und jedes freundliche Wort schon zu viel ist.

So sieht der Text nach der Korrektur aus:

Meine Schwester und ich mögen keine Hunde, die die ganze Zeit nur bellen. Noch schlimmer aber sind Leute, die einem wie Hunde ankläffen und jedes freundliche Wort schon zu viel ist.

Aufgabe 2

Welche zwei Fehler hat das Programm nicht bemerkt? Verbessern Sie!

Wortwahl

Der oben stehende Text weist eine Wortwiederholung auf: ... Hunde, die die ganze Zeit bellen. Auch hier schafft das Textverarbeitungsprogramm Abhilfe: mit dem Synonymwörterbuch *Thesaurus*.

> Cursor auf Wort setzen, das ausgetauscht werden soll.
> Unter Menü «Extras» den Punkt «Sprache > Thesaurus» anwählen.
> Geeigneten Vorschlag auswählen und auf «Ersetzen» klicken.

So sieht der Text nach der Korrektur aus:
... Hunde, welche die ganze Zeit nur bellen.

Synonym:
Wort mit gleicher oder ähnlicher Bedeutung

Beispiele: Stube – Wohnzimmer; anziehend – attraktiv

Antonym:
Wort mit gegensätzlicher Bedeutung

Beispiele: Lüge – Wahrheit; krank – gesund

Aufgabe 3

In den folgenden Sätzen sollen Wortwiederholungen eliminiert werden. Untersuchen Sie die Vorschläge, die Ihnen der Thesaurus unterbreitet. Welche Formulierung wählen Sie aus?

- Genauso, wie ich bellende Hunde hasse, hasse ich auch Leute, die mich unfreundlich «ankläffen».

hasse
- verabscheue
- anfeinde
- verachte
- wüte
- zürne
- grolle
- liebe (Antonym)
- gern habe (Antonym)
- mag (Antonym)

- Der spanische Küchenchef konnte super kochen.
  Im Restaurant herrschte eine Superstimmung.

Zu *super* macht der Thesaurus keinen Vorschlag. Nun sind Sie selbst gefordert: Ersetzen Sie beide *super* durch zwei verschiedene, aussagekräftige Adjektive.

Im Menü «Extras» finden Sie noch andere für das Überarbeiten wichtige Funktionen:

Sprache > Silbentrennung	Trennvorschläge kritisch überprüfen!
Extras > Optionen > Rechtschreibung und Grammatik > Lesbarkeitsstatistik anzeigen	Empfehlenswerte durchschnittliche Satzlänge: 13–18 Wörter.
Extras > Änderungen nachverfolgen	Vorgenommene Änderungen werden markiert und können leicht wieder rückgängig gemacht werden.

Der Rechtschreibduden

Aufbau

Meist wird der Duden mit dem alphabetisch geordneten Wörterverzeichnis gleichgesetzt. Dieses bildet aber nur einen der Teile, aus denen das Nachschlagewerk besteht.

Aufgabe 4

Tragen Sie ein, auf welchen Seiten Sie die genannten Kapitel in Ihrem Duden finden.

- Übersicht über die im Wörterverzeichnis verwendeten Abkürzungen S. ....
- wichtige grammatische Fachausdrücke S. ....
- Überblick über die Rechtschreibung und die Zeichensetzung S. ....
- Wörterverzeichnis A–Z S. ....
- amtliche Regeln der deutschen Rechtschreibung S. ....

Aufgabe 5

Beantworten Sie die folgenden Fragen, indem Sie im Duden nachschlagen.

1 | Abkürzungsverzeichnis: Was bedeuten die Abkürzungen?

Anm.	Anmerkung	Ggs.		N.T.	
bes.		Handw.		od.	
dt.		hist.		Psych.	
EDV		ital.		Rhet.	
ev.		Jh.		Tiermed.	
fachspr.		jmd.		ugs.	
fam.		Konj.		vgl.	
Gastron.		lat.		w.	
gebr.		MA.		Zus.	

2 | Grammatische Fachausdrücke: Welche Informationen enthält der Duden zum *Pronomen*?

3 | Rechtschreibung und Zeichensetzung:
Was bedeutet die Abkürzung K in diesem Teil?

Notieren Sie einige Beispiele zur Getrennt- und Zusammenschreibung von Wortgruppen mit Adjektiven.

K 60 kochend heisses Wasser

Schreiben Sie einige Beispiele zur Gross- und Kleinschreibung der Anrede ab.

K

K

K

Kommasetzung bei nachgestellten Zusätzen: Notieren Sie Beispiele.

K

Wörterverzeichnis

Das Wörterverzeichnis des Dudens enthält rund 130’000 Stichwörter. Unter diesen Stichwörtern finden sich Informationen zu

- Rechtschreibung
- Aussprache
- Trennung
- Herkunft
- Bedeutung
- grammatischen Eigenheiten

Zudem sind zu vielen Wörtern auch Anwendungsbeispiele enthalten.

Trennung: schwim I men

Aussprache: schwimmen
[Punkt unter i]; i kurz und betont

schwim|men; du schwammst; du schwömmest, *auch* schwämmest; geschwommen; schwimm[e]!

Grammatische Eigenheiten:
du schwammst (2. Stammform – 2. Person Singular Präteritum)

Konjunktiv II: du schwömmest, *auch* schwämmest

3. Stammform – Partizip II: geschwommen

Imperativ – Befehlsform: schwimm[e]!

Trennung: ori I gi I nal;

Aussprache: original [Strich unter a]; a lang und betont

ori|gi|nal 〈lat.〉 (ursprünglich, echt; urschriftlich); original Lübecker Marzipan; original französischer Sekt;

Herkunft: <lat.> lateinisch

Bedeutung: ursprünglich, echt; urschriftlich

Anwendungsbeispiele:
original Lübecker Marzipan; original französischer Sekt

Aussprache: Angst
[Punkt unter a];
a kurz und betont

Anwendungsbeispiele:
in Angst, in [tausend] Ängsten sein; Angst haben; jemandem Angst [und Bange] machen (Grossschreibung, in roter Farbe, nach neuer Regelung); mir wird angst und bange

Angst, die; -, Ängste; in Angst, in [tausend] Ängsten sein; Angst haben; jmdm. Angst [und Bange] machen; *aber* ↑K 70: mir ist, wird angst [und bange]

Rechtschreibung:
Hinweis auf Kennziffer 70 (Gross- und Kleinschreibung)

Aus: Duden. Die deutsche Rechtschreibung. 24. Auflage

Zu den Nomen enthält der Duden zudem die folgenden Angaben:

	bestimmter Artikel	**Genitivendung Singular** (Wesfall Einzahl)	**Nominativendung Plural** (Werfall Mehrzahl)
Betrieb, der; -[e]s, -e	der	-[e]s (des Betriebs oder des Betriebes)	-e (Betriebe)
Angst, die; -, Ängste	die	- (der Angst)	Ängste
Kind, das; -[e]s, -er	das	-[e]s (des Kinds oder des Kindes)	-er (Kinder)

Aufgabe 6

Wählen Sie eine Zeile aus. Suchen Sie zu den drei Wörtern alle im Duden erhältlichen Informationen. Ordnen Sie diese nach den Kategorien *Rechtschreibung, Aussprache, Trennung, Herkunft, Bedeutung, grammatische Eigenheiten* und *Anwendungsbeispiele*. Erläutern Sie der Klasse zwei Eigenschaften jedes Wortes und veranschaulichen Sie diese mit Beispielsätzen.

Beispiel

In diesem Film verkörpert Eddie Murphy verschiedene **Charaktere**.

Nomen	**Adjektiv**	**Verb**
1. Charakter	akut	dazukommen
2. Fanatiker	blank	konfiszieren
3. Hase	grün	lassen
4. Ikone	hart	mopsen
5. Plasma	hässig	passen
6. Zwerg	publik	wiegen

Selbstbeurteilung: Texte korrigieren

1 Kombinieren Sie nun all Ihre Kenntnisse und alle Ihnen zur Verfügung stehenden Hilfsmittel. Korrigieren Sie den folgenden Text auf Rechtschreibung, Grammatik und Satzzeichen.

1. Zucker ist ein starkes Suchtmittel, von Natur aus angenem für den Geschmacksinn (kein Geschmack an den man sich gewönen muss) und Balsam für die menschliche Seele.

2. Zucker war Anfangs äusserst teuer und sein Gebrauch, auf pharmatzeutische Zwecke beschränckt; man kaufte ihn beim Apoteker, während die Meisten Europäer Ihren Süsstoffbedarf mit Obst und Honig deckte.

3. Im fünfzehnten und sechszehnten Jarhundert war Zucker noch ein Luxus: die Herrin des Hauses schloss die Zuckerstangen weg, um sie vor den Dienstbote zu schützen.

Nach: David Landes: Wohlstand und Armut der Nationen

1. ....

....

....

2. ....

....

....

3. ....

....

....

Der Text enthält insgesamt 17 Fehler. Ich habe …

0 – 2 ☐ 3 – 5 ☐ 6 – 8 ☐ 9 – 11 ☐ 12 – 14 ☐ 15 – 17 ☐

… Fehler gefunden und korrigiert (Zutreffendes ankreuzen).

1 Die Lehre – ein neuer Lebensabschnitt

Tagebuch

Priska

Freitag, 9. August

Letzten Montagmorgen ging ich mit gemischten Gefühlen zum Bahnhof: Es war der erste Tag meiner Lehre. Wie würde es mir wohl gefallen? Doch schon am Abend war die ganze Ungewissheit vorbei. Ich kenne jetzt bereits einige Leute in der Abteilung und habe neue Kollegen gefunden. In dieser ersten Woche war ich am Abend immer k.o. Im Betrieb machte ich dauernd Fehler und dachte schon, das werde ich nie begreifen. Doch jetzt habe ich mich an die Arbeit gewöhnt und es klappt von Tag zu Tag besser.

Dienstag, 20. August

Heute, in der dritten Woche meiner Lehre, begann die Schule. Ich hatte ein wenig Angst davor, weil ich niemanden aus meiner Klasse kannte. Doch auch hier zeigte sich schnell, dass alles nicht so schlimm ist. Drei Fächer kenne ich schon, die Mitschülerinnen und Mitschüler sind nett und die Lehrer bis jetzt noch nicht allzu streng. Hoffentlich bleibt es so!

Ayse

Freitag, 16. August

Was ich immer verabscheut habe, ist die Schule. So habe ich sie bisher erlebt: ein Lehrer, der alles zu bestimmen hat, und zwanzig Schülerinnen und Schüler, die gehorchen müssen. Ich hoffe, an der Berufsschule, die nächste Woche beginnt, ist es nicht mehr so schlimm. Wenn allerdings ein Lehrer unsympathisch ist, verliere ich schnell das Interesse am Fach.

Freitag, 23. August

In meiner ersten Ausbildungswoche habe ich in der Do-it-yourself-Abteilung die Regale eingeräumt. Gerade als ich anfing, meine Berufswahl zu überdenken, durfte ich an der Kasse arbeiten. Ich habe mich dort schnell eingearbeitet und der Kundenkontakt gefällt mir. Hinterher bin ich übrigens stolz auf die ordentlich eingeräumten Regale gewesen.

Vincenzo

Dienstag, 20. August

An meinem ersten Schultag war ich sehr nervös. Bei manchen Dingen, die ich noch nie gemacht habe, fühle ich mich immer sehr unsicher. Deshalb bin ich froh, wenn solche Sachen rasch vorbeigehen. Ich glaube, dass die Klasse sehr zu mir passt. Alle mussten sich vorstellen und ich habe gemerkt, dass viele – genauso wie ich – sehr sportlich sind. Für die nächsten drei Jahre habe ich mir sehr viel vorgenommen. Ich will mehr für die Schule lernen als im letzten halben Jahr der neunten Klasse.

Freitag, 23. August

Meine Arbeit gefällt mir immer noch sehr gut. Ich treibe daneben viel Sport, um mich fit zu halten. Ich hoffe, dass ich gesund bleibe, dass ich keine schlimmen Krankheiten haben werde, dass ich heirate, mit meiner Frau zusammen alt werde und von der AHV gut leben kann. Nach meinem hoffentlich schmerzlosen Tod werden meine Kinder das Geld, das ich während meiner Arbeitsjahre erspart habe, gut gebrauchen können. Bis es so weit ist, möchte ich mich aber noch in meinem Beruf nach oben arbeiten.

Freitag, 9. August

Frau Schmid, unsere Betreuerin, sagte am ersten Tag unserer Lehre, wir alle seien noch ein unbeschriebenes Blatt. Im Moment fühle ich mich auch genau so. Wenn ich meine Lehre beendet habe, werden auf diesem Blatt schon ein paar Zeilen geschrieben stehen.

Urs

Donnerstag, 15. August

Dass ich nur einer unter vielen bin, habe ich gemerkt, als ich in der Schule all die anderen Erstlehrjahrstifte gesehen habe. Aber ich werde versuchen, das Beste daraus zu machen. Seit Beginn der Lehre habe ich zahlreiche Situationen erlebt, in denen ich mich überfordert fühlte. Zudem habe ich Angst, den Kontakt zu meinen Freundinnen und Freunden zu verlieren, weil ich am Abend zu abgespannt bin, um mit ihnen herumzuziehen. Morgen will ich mich auf alle Fälle wieder mit Kollegen treffen.

1 | Führen Sie Tagebuch zu Ihren Eindrücken aus Lehrbetrieb und Berufsschule. Berichten Sie darin, welche Veränderungen sich durch den Übertritt in eine Lehre für Ihr Privatleben ergeben.

2 | Reagieren Sie mit einem kurzen Brief auf eine Äusserung von Priska, Ayse, Vincenzo oder Urs.

«Ich könnte tagelang Traktor fahren»

Die 17-jährige Nadja ist auf einem grossen landwirtschaftlichen Betrieb im Berner Seeland aufgewachsen. Zwischen Traktoren und Äckern. Das Landleben hat sie im Blut, sie lernt Landwirtin.

Eigentlich wollte Nadja Grimm Floristin lernen. Sie machte eine Schnupperlehre. Der Beruf hätte ihr gefallen, aber sie hat keine Lehrstelle gefunden. Also machte sie eine zweite Schnupperlehre als Landwirtin. Dieser Beruf hat sie gepackt und sie hat die Lehre in einem Grossbetrieb angefangen. «Ich arbeite gerne in der Natur und mit den Tieren», begründet sie ihren Berufswunsch.

Ins, Luzern, Zuzwil

Aufgewachsen ist Nadja auf einem landwirtschaftlichen Acker- und Gemüsebau-Grossbetrieb im Berner Seeland. Bereits dort zeigte sich ihre Vorliebe für die Natur – und für das Traktorfahren. Nur Tiere gab es keine. Das erste Jahr der Lehre absolvierte sie in Ins. Danach musste sie in einen Betrieb mit Tierhaltung wechseln. Sie fand einen in Luzern, zog um, verliess diesen Betrieb jedoch nach zehn Tagen wieder. Was war passiert? Nadja gibt keine Antwort, das Lächeln auf ihrem Gesicht verschwindet.

Nun musste sie einen neuen Lehrbetrieb suchen. Das war nicht einfach, denn die Zeit für die Betriebswechsel war vorbei. Alle Lehrlinge hatten einen Betrieb gefunden oder blieben beim alten. Doch Nadja hatte Glück: Der Lehrling von Fritz Christen aus Zuzwil liess die Lehre «sausen», Nadja ging sich vorstellen und blieb.

50 bis 60 Arbeitsstunden

Der Beruf als Landwirtin ist hart. Ein normaler Arbeitstag beginnt für Nadja um 6 Uhr früh. Und abends ist erst um 18 Uhr Schluss. Normalerweise. Im Sommer wird es oftmals später. Da fällt mehr Arbeit an: Das Gras muss geschnitten oder das Heu eingefahren werden. Und wenn die Erntezeit beginnt, spielt es keine Rolle, ob es Samstag oder Sonntag ist. Immer wieder fallen zudem Reparaturen an.

«In der Lehre habe ich jedes zweite Wochenende frei», erklärt Nadja. An den freien Tagen kümmert sie sich zu Hause um ihre vier Pferde. Auch dort wartet also viel Arbeit auf sie, doch das stört sie überhaupt nicht. Im Gegenteil, sie ist sich viel und harte Arbeit gewohnt: «Ich arbeite so zwischen 50 und 60 Stunden die Woche», bestätigt sie. Und zwischendurch muss Nadja auch noch lernen. Da sind Fächer wie Pflanzen-, Tier- oder Maschinenkunde dabei, in denen sie zwischen April und Mai praktisch und im Juni theoretisch geprüft wird.

Klare Zukunftsvorstellungen

Bald ist die Ausbildungszeit bei Fritz Christen vorbei. Was macht Nadja dann? «Ich werde zu Hause arbeiten, bis ich in die Winterschule gehe», antwortet sie. Diese dauert von Oktober bis März. Und weiter? «Mit 25 will ich die Meisterprüfung absolvieren.» Vorher will sie noch für sechs bis zwölf Monate nach Kanada und später mal den elterlichen Betrieb übernehmen. Klare Vorstellungen für eine 17-Jährige.

Nach: Beat Schmid: I chönnt tagelang Traktor fahre

1 | Unterstreichen Sie besonders wichtige Wörter und Textstellen. Um welche Themen geht es in den einzelnen Abschnitten?

2 | Bei diesem Berufsporträt handelt es sich um einen Zeitungsartikel. Welche äusseren Merkmale sind für einen Zeitungsartikel typisch?

3 | Der Autor hat mit Nadja Grimm ein Interview durchgeführt. Welche Fragen hat er ihr gestellt?

4 | Interviewen Sie eine Arbeitskollegin oder einen Arbeitskollegen. Verfassen Sie anschliessend ein Berufsporträt über diese Person.

Männer- und Frauenfreundschaften

Was unterscheidet Frauen- und Männerfreundschaften?

«Freundschaft ist Männersache!», meinten noch die alten Griechen. Heute gilt: Das weibliche Geschlecht konzentriert sich in Freundschaften mehr aufeinander, das männliche miteinander auf etwas Drittes. Soll heissen: In Frauenfreundschaften gehts vor allem um die Freundinnen selbst, um (ihre) Gefühle, (ihre) Erfahrungen und (ihre) Probleme – bei Männern stehen gemeinsame Unternehmungen im Vordergrund. Männer, fanden Wissenschaftler heraus, streiten auch mit Freunden offensiv – Frauen fühlen sich sogar von freundschaftlicher Kritik angegriffen, erleben Streit schneller als Freundschaftskrise und Missachtung der eigenen Person. Keine Frage: Die Geschlechterrollen legen wir auch in unseren Freundschaften nicht ab. Action, Auftreten, Imponieren, Angriff bei den Männern; Einfühlung, Emotion, Harmonie, Rückzug bei den Frauen. Doch wenn sie die ideale Freundschaft ausmalen sollen, haben alle Jugendlichen die gleichen (Wunsch-)Bilder im Kopf: nämlich miteinander jede Menge Spass zu haben und einander blind vertrauen zu können.

Freundschaft psychologisch

«Für Mädchen und Frauen haben Freundschaften oft einen höheren Stellenwert im Leben, weil Freundschaft ihr Lebensgefühl deutlich verbessert. Je länger eine Freundschaft unter Männern dauert, desto emotional näher wird aber auch sie. Freundschaften zweiten Ranges sind Männerfreundschaften natürlich nicht. Insgesamt kann man sagen, dass gleichgeschlechtliche Freundschaften wichtiger sind und länger halten.»

PD Dr. Ann Elisabeth Auhagen, Diplompsychologin, Freie Universität Berlin

«Entwicklungspsychologisch[1] begründet, unterscheiden sich Mädchen- und Jungenfreundschaften vor allem in den Themen: Mädchen interessieren sich früher und mehr für Beziehung, Freundschaft, Gefühle, Liebe, Erotik. Jungs sind mehr mit sich selbst beschäftigt, verbringen viel Zeit im Sportverein, sitzen stundenlang vor dem Computer. Ihnen geht es vor allem um Anerkennung und Leistung, um Fragen wie: Wo habe ich Erfolg? Womit kann ich was erreichen? Wie verschaffe ich mir Ansehen?»

Dr. Ekkehard Sander, Jugendforscher, Deutsches Jugendinstitut München

[1] Entwicklungspsychologisch: auf der Entwicklungspsychologie beruhend.
Die Entwicklungspsychologie untersucht die psychische Entwicklung vom Kleinkind bis zum Erwachsenen.

Meinungen zweier Jugendlicher

«Jungs, die grossen Schweiger? Die einsamen Wölfe? Irgendwie stimmt das schon. Schliesslich ist das eine Rolle, die uns lange genug von der Gesellschaft aufgedrückt wurde. Dazu passt auch, dass Jungs nicht einen besten Freund haben, sondern eher mehrere gute. Sie schliessen sich lieber zu Gruppen zusammen: das Rudel, zu dem man gehört, wenn man die gleichen Ideen und Interessen hat. Musik, Hobbys, Kleider, Herkunft – das muss schon stimmen. Auch wenn man eigentlich wenig miteinander zu tun hat, bilden sich Cliquen, in denen zwei, drei Leute wirkliche Freunde sind; den Rest erträgt man! Trotzdem entsteht ein Wir-Gefühl.»

Niki, 17 Jahre

«Hast du schon mal gesehen, wie Hunde sich begutachten? Genauso ist das auch bei Mädchen! Erst wird das Gegenüber genauestens inspiziert, umkreist und beschnuppert, dann gibt es zwei Möglichkeiten: entweder Knurren und Ans-Bein-Pinkeln oder begeistertes Kläffen und Schwanzwedeln. Entweder KRIEG oder FREUNDSCHAFT. Jungens sind da lockerer, cooler. Auch die Intrigen und das Lästern fehlen. Ich bin zwar selbst ein Mädchen, aber ich war mit genug Jungen unterwegs, um zu wissen, was bei denen so ungefähr abgeht. Beleidigt sein und Zicken gibts bei Jungs wenig, sodass du mit ihnen eigentlich offener sein kannst.»

Nora, 16 Jahre

Nach: Beate Herkendell, Christine Knödler: Zu zweit, zu dritt, zusammen: Freundschaft

1 | Stellen Sie in einer Tabelle sämtliche im Text erwähnten Unterschiede zwischen Frauen- und Männerfreundschaften einander gegenüber. Vermerken Sie zu jedem Ergebnis die Zeilennummer.

2 | Welchen Aussagen des Textes stimmen Sie zu, welche stören Sie? Welche Punkte müsste man ergänzen?

3 | Diskutieren Sie folgende Punkte: Gibt es Unterschiede zwischen Männer- und Frauenfreundschaften? Sind die im Text vorgestellten Punkte bloss Klischees? Was ist der Unterschied zwischen Freundschaft und Kollegialität? Welches sind die Merkmale einer guten Freundschaft?

Freundschaft ist …

«… wenn man sich mit dem anderen wohl fühlt.»
Isabelle, 18 Jahre

«… wenn man nie allein dasteht.»
Stefan, 16 Jahre

«… heilig!»
Jana, 17 Jahre

«… wenn man miteinander schweigen kann.»
Daniel, 17 Jahre

Nach: Beate Herkendell, Christine Knödler: Zu zweit, zu dritt, zusammen: Freundschaft

1 | Wie definieren Sie «Freundschaft»?

«Freundschaft ist ....»

Meine Freunde und ich

Es ist schon erstaunlich, wie sehr sich die Menschen verändern, wenn die Verhältnisse andere sind. Sie haben neue Lebensläufe. Sie sehen anders aus. Sie schaffen es, immer gut frisiert und frisch gebügelt zu sein. Sogar die Anekdoten, die sie erzählen, sind andere als früher. An manches Erlebte darf man keinesfalls mehr rühren. Das begreift man schnell. […]

Ich habe eine Menge Freunde verloren. Es ist nicht so, dass es grössere Auseinandersetzungen zwischen uns gegeben hätte. Wir sind einander einfach abhanden gekommen. Aus dem Blickfeld des anderen verschwunden. Dem einen ging vielleicht meine Umstellung auf die neue Zeit zu schnell, dem anderen zu langsam. Bei einigen überlege ich, ob sie vielleicht ein schlechtes Gewissen haben, andere denken vielleicht das Gleiche von mir. Aber eigentlich interessiert das schon niemanden mehr.

Das Schlimmste ist, dass keiner Zeit hat. Das heisst, die einen haben wirklich keine, und die anderen, die reichlich davon haben müssten, geben es um keinen Preis zu. Keiner jammert mehr. Höchstens eben über den Mangel an Zeit. Wenn man sich mit ihnen verabreden will, zücken sie einen übervollen Terminkalender, blättern ausgiebig und sagen schliesslich erfreut: «Hier ginge es. Wie wäre es mit dem elften? Achtzehn Uhr.» Ich erinnere mich, dass derselbe Mensch früher einfach auf einen Sprung vorbeikam. Und plötzlich begreife ich den Unterschied zwischen «der Gleiche» und «derselbe» ganz anschaulich. Dieser Mensch da vor mir ist zwar noch derselbe, aber nicht mehr der Gleiche. Ich kann unmöglich sagen, ob ich mich in zwei Wochen über seinen Besuch freuen werde. [...]

«Passt es dir da?», fragt der fremd gewordene Freund schon etwas ungeduldig und schaut zur Uhr.

Da hole ich zum grossen Schlag aus und zücke mein elektronisches Notebook und meine Finger gleiten flink über die Tastatur. «Leider ...», sage ich bedauernd, «gerade am elften geht es nicht.» Und dann zeige ich mich ganz auf der Höhe der Zeit: «Am besten wir telefonieren noch einmal! Abgemacht? Ich ruf dich an.»

«Alles klar.» Er nickt und steckt erleichtert seinen Kalender wieder ein. Wir geben uns die Hand und wissen plötzlich beide, dass dies das Ende einer langen Freundschaft ist. [...]

Es ist nicht so, dass ich einsam wäre. Ich habe eine Menge neuer Bekanntschaften. Man sieht sich hin und wieder. Verabredet sich auch mal. Verreist sogar gemeinsam. Aber von Freunden würde ich nicht sprechen.

Neulich wurde mir plötzlich bewusst, dass mir niemand mehr Geld borgen würde. Jedenfalls nicht ohne Zinsen und Sicherheiten. Aber die habe ich nicht. Meine Sicherheit sind meine Freunde gewesen.

Plötzlich steigt in mir Trotz auf. Obwohl ich noch einigermassen bei Kasse bin, beschliesse ich, meinen Freund anzupumpen. Einfach so. Um etwas klarzustellen.

Ich wähle seine Nummer und höre seine Stimme. Er freut sich. Und ich spüre, dass er sich wirklich freut. Und dann sagt er: «Kannst du mir etwas Geld borgen? Nur kurzfristig.»

Nach: Helga Königsdorf: Über die unverzügliche Rettung der Welt

1 | Markieren Sie die für Sie wichtigsten Schlüsselwörter. Fassen Sie anschliessend den Text in ungefähr fünf Sätzen zusammen.

2 | «Wir sind uns einfach abhanden gekommen.» Erklären Sie, weshalb die Ich-Erzählerin ihre Freunde verloren hat.

3 | Wie verstehen Sie den letzten Abschnitt des Textes?

4 | Welche Erfahrungen haben Sie mit dem Ende von Freundschaften gemacht?

3 Ich konsumiere, also bin ich

Jugend im Minus

Das Auto ist geleast, der Fernseher auf Pump angeschafft und das Handy verschlingt Unsummen: Jeder dritte Schweizer unter 25 ist verschuldet.

Der 22-jährige Marc aus dem Luzernischen lebte wie ein Nachwuchsprinz. Sein Fiat war geleast. Das Benzin belastete er der Treibstoffkarte, die Ferien der Kreditkarte. Stereoanlage und Fernseher zahlte er auf Raten ab und seine Kleider kamen vom Versandhaus. Als der Lohn des KV-Angestellten nicht mehr reichte und Rechnungen liegen blieben, meldete sich das Betreibungsamt. Marc nahm einen Konsumkredit auf. Aber auch die 20'000 Franken deckten die Ausstände nicht; Steuerschulden kamen hinzu. 70'000 Franken waren es am Ende insgesamt.

«Er war ein naiver junger Mensch mit horrendem Konsum», sagt sein Schuldenberater Charly Gmür. Marc sei «en Liäbä», der sich gar nicht vorstellen könne, dass die Welt nicht so nett sei wie er. Immerhin liessen die Gläubiger mit sich über Rückzahlungsmodalitäten reden. In vier Jahren soll der Schuldenberg abgetragen sein. Für Essen und Freizeit budgetiert Marc 12 Franken 90 pro Tag. Kredit- und Kundenkarte besitzt er keine mehr, der Fiat wurde zurückgegeben. Marc, der 4'500 Franken verdient, fährt jetzt mit dem Bus zur Arbeit.

Jugend im Minus. Knapp 25 Prozent aller Deutschschweizerinnen und Deutschschweizer zwischen 16 und 25 Jahren geben mehr Geld aus, als sie sich leisten können. Dies belegt eine Umfrage der AG für Werbemittelforschung (Wemf). Vor zwei Jahren waren es nur rund 20 Prozent.

Handy, Kleidung, Ausgang, überall lauern Schuldenfallen. Sie schnappen sehr früh und sehr schnell zu, bestätigt Eveline Küng, Leiterin des Inkassobüros in Bern. «Die Schuldner werden immer jünger», sagt sie. «Darunter sind viele, deren Eltern schon als notorische Nichtzahler bekannt sind. Die Jungen lernen den Umgang mit Geld nicht mehr.» Ihre Zahlungsmoral sei deutlich schlechter geworden: «Immer öfter werden Lieferanten als eine Art Bank missbraucht.»

Meist beginnt die Verschuldung mit dem Handy. SMS und Gesprächsminuten verschlingen bei Kindern oft das ganze Sackgeld, und wer pubertiert, telefoniert in der Regel auch nicht weniger. Das Handy gehört heute zu den vier wichtigsten Gründen, warum Jugendliche Kredite aufnehmen, nach dem Auto, dem Ausgang und der Kleidung. Inkasso-Fachfrau Eveline Küng erinnert sich an eine 17-jährige Frau, die mit Inlandgesprächen monatlich locker 600 Franken verquasselte – mehr, als sie verdiente.

Die Wirtschaft hat die Jugend als Kunden längst entdeckt. Die Kaufkraft dieser Zielgruppe hat sich in nur einem Jahrzehnt verdoppelt. Nach konservativen Schätzungen stehen den 12- bis 18-Jährigen in der Schweiz heute 600 Millionen Franken Sackgeld zur Verfügung. Doch das reicht nicht. Sie wollen mehr, und sie wollen es sofort. Beispiel Zürich: Allein für einen Ausgangsabend lässt hier ein Jugendlicher im Schnitt 80 Franken springen.

Die Jugendlichen sind Opfer, die sich im wachsenden Angebot der Konsumwelt nicht mehr zurechtfinden. Gleichzeitig aber auch Täter, die prompte Bezahlung nicht mehr als Pflicht, sondern bestenfalls noch als Möglichkeit betrachten. Cool ist, wer sich eindeckt.

Nach: Balz Rigendinger: Die Pleite-Jugend

Vier Tipps zum Umgang mit Geld:

- **Steuern akonto bezahlen,** also in monatlichen Anteilen, und zwar vom ersten Lohn an, damit es keine bösen Überraschungen gibt.
- **Rechnungen nicht verschieben,** sondern sofort nach Eintreffen des Lohnes zahlen.
- **Regelmässig anfallende Zahlungen** mit einem **Dauerauftrag** begleichen. Dann muss man nicht dran denken.
- **Das Konto nie plündern** und auf den nächsten Lohn spekulieren. Sonst wird es im Falle einer vergessenen Rechnung eng.

1 | Welche Gründe für das Schuldenmachen finden Sie im Text? Welche weiteren Motive können Sie sich vorstellen?

2 | Schreiben Sie einen Brief an Marc, in dem Sie Marcs Konsumverhalten kommentieren und Ihre eigene Haltung zum Thema «Konsum» ausdrücken.

3 | Die Jugendlichen sind einerseits Opfer, andererseits Täter (Zeile 31/32). Erläutern Sie diese Aussage.

4 | Fügen Sie den Tipps zum Umgang mit Geld noch einen weiteren, eigenen Tipp hinzu.

Bin ich kaufsüchtig?

So schätze ich mich selbst ein:

Ich bin ...
- ☐ kaufsüchtig
- ☐ kaufsuchtgefährdet
- ☐ nicht kaufsüchtig
- ☐ Ich habe noch nie darüber nachgedacht.

Überprüfen Sie nun Ihre Einschätzung mit einem Test.

	trifft nicht zu	trifft zum Teil zu	trifft zu
1. Wenn ich Geld habe, dann muss ich es ausgeben.	☐	☐	☐
2. Ich verspüre oft den Drang, einfach loszuziehen und irgendetwas zu kaufen.	☐	☐	☐
3. Manchmal sehe ich etwas in einem Geschäft und fühle einen unwiderstehlichen Impuls, es zu kaufen.	☐	☐	☐
4. Oft habe ich das Gefühl, dass ich etwas Bestimmtes unbedingt haben muss.	☐	☐	☐
5. Oft habe ich einfach Lust, etwas zu kaufen.	☐	☐	☐
6. Ich kaufe häufig etwas, nur weil es billig ist.	☐	☐	☐
7. Ich kaufe oft Sachen, die ich nachher gar nicht benutze.	☐	☐	☐
8. Ich kaufe oft Sachen, die ich mir eigentlich gar nicht leisten kann.	☐	☐	☐
9. Einkaufen ist für mich ein Mittel, dem Alltag zu entkommen und mich zu entspannen.	☐	☐	☐
10. Manchmal habe ich ein schlechtes Gewissen, wenn ich etwas gekauft habe.	☐	☐	☐
11. Oft traue ich mich nicht, gekaufte Sachen anderen zu zeigen, weil man mich für unvernünftig halten könnte.	☐	☐	☐
12. Ich bestelle oft Artikel über den Versandhandel (über Internet, Telefon oder Katalog).	☐	☐	☐

Nach: Hohenheimer Kaufsuchttest

trifft zu: 2 Punkte / trifft zum Teil zu: 1 Punkt / trifft nicht zu: 0 Punkte

0 – 12 Punkte: Sie sind nicht kaufsuchtgefährdet.

13 – 18 Punkte: Sie sind tendenziell kaufsuchtgefährdet. Beobachten Sie Ihr eigenes Kaufverhalten kritisch. Überlegen Sie,
- wann Sie einkaufen gehen,
- aus welchen Gründen Sie einkaufen gehen,
- was Sie mit dem Einkaufen genau erreichen wollen, z.B. Ablenkung,
- wie Ihr soziales Umfeld (Familie, Bekannte) Ihr Kaufverhalten einschätzt.

19 – 24 Punkte: Sie sind stark kaufsuchtgefährdet. Überlegen Sie sich,
- ob Sie und Ihre Familie/Ihre Bekannten Ihr Kaufverhalten als problematisch einstufen,
- ob Sie verschuldet sind,
- ob Sie unter anderen Süchten leiden. Falls ja, ist es sinnvoll, eine Therapeutin bzw. einen Schuldenberater aufzusuchen.

1 | Was für ein «Konsumtyp» sind Sie? Beschreiben Sie Ihr Konsumverhalten.

Die maslowsche Bedürfnispyramide

Die maslowsche Bedürfnispyramide beschreibt die Bedürfnisse von Menschen und teilt sie in Gruppen ein. Sie ist benannt nach Abraham Harold Maslow (1908–1970), einem US-amerikanischen Psychologen. Maslow unterscheidet fünf Gruppen von Bedürfnissen, welche stufenförmig angeordnet sind.

Die Pyramide zu kennen, kann im Alltag sehr nützlich sein. So ist es zum Beispiel für einen Kleiderverkäufer wichtig, sich zu überlegen, warum ein bestimmter Kunde Kleider kaufen will. Braucht er einfach etwas, um sich warm anziehen zu können? Kleidet er sich ein, um von anderen akzeptiert oder sogar bewundert zu werden? Möchte er mit der Kleidung seine Persönlichkeit zum Ausdruck bringen?

Bedürfnispyramide von Maslow

1 | Ordnen Sie jeder der fünf Stufen einige Produkte zu, die gekauft bzw. konsumiert werden.

2 | Mit den folgenden Käufen werden andere Bedürfnisse befriedigt, als es zuerst den Anschein macht – nämlich welche?
- Ein Büroangestellter kauft einen Geländewagen für den Stadtverkehr.
- Eine Unternehmerin kauft ein Zweithaus in Spanien, obwohl sie kaum Zeit hat, darin zu wohnen.
- Ein Jugendlicher kauft ein Kleidungsstück einer bestimmten Marke, die in seinem Kollegenkreis besonders angesagt ist.

Finden Sie eigene Beispiele.

3 | Was können Sie aus der maslowschen Pyramide für Ihren Berufsalltag lernen, z.B. über den Umgang mit Kunden?

4 | Stellen Sie Ihre Bedürfnisse mit einer Collage dar.

Weisheiten zum Thema «Konsum»

Wenn die Menschen nur einkaufen gehen würden, weil sie etwas *brauchen*, und wenn sie nur kaufen würden, *was* sie brauchen, wäre die Wirtschaft längst zusammengebrochen. Auf den Märkten der westlichen Welt wird um Kunden geworben, die im Grunde schon alles haben.

Moderne Gesellschaften kultivieren Unzufriedenheit auf hohem Niveau.

Das Streben nach Glück wird zum Ersatz für das Glück selbst.

Shopping darf man nicht einfach mit «Einkaufen» übersetzen. Es handelt sich vielmehr um eine Lebensform.

Nach: Norbert Bolz: Das konsumistische Manifest

Formulieren Sie eine eigene Weisheit zum Thema «Konsum».

Do you speak Germish?

Alle wissen, dass die deutsche Sprache immer stärker von englischen Vokabeln durchsetzt ist. Der amerikanische Einfluss ist nicht zu überhören: Es wird recycelt, designt und gechattet, was das Zeug hält. Aber: Den meisten ist nicht bekannt, dass in den USA viele deutsche Wörter verwendet werden. Einerseits ist dies historisch bedingt: Im 19. Jahrhundert betrug der Anteil deutscher Einwanderer an der Gesamtbevölkerung der USA immerhin neun Prozent. Andererseits werden aber auch immer wieder deutsche Wörter in den amerikanischen Wortschatz aufgenommen, in neuester Zeit z.B. das Wort «fahrvergnuegen».

Einige deutsche Wörter, die in den USA verwendet werden:

a
angst
anschluss
autobahn

b
beergarden
birkenstock
blitz
bratwurst

c
coffee-klatsch

d
das ist gut
diesel
doppelganger
dreck, drek
dummkopf

e
edelweiss
ehrgeiz

f
fest, beer fest
fraulein
fuehrer

g
gasthaus
gemuetlich
gesundheit

h
hamburger
hamster
hausfrau
herrenvolk

i
iceberg

k
kindergarten
kitsch
kraut

l
lederhosen
lied

m
muesli

n
nazi
nicht wahr?

p
pretzel (bretzel)

r
rucksack

s
schadenfreude
schnapps
schnitzel

u
u-boat

v
volkswagen

w
waldsterben
weltschmerz
wunderkind
wurst

z
Zeitgeist
zigzag
(von Zickzack)

Nach: Bastian Sick: Der Dativ ist dem Genitiv sein Tod

1 | Suchen Sie Fremdwörter aus verschiedenen Sprachen.
Beispiele: Etage (französisch), Job (englisch), Cookie (amerikanisches Englisch)

2 | Suchen Sie Wörter aus verschiedenen Sprachen, welche wie deutsche Wörter verwendet werden. Nehmen Sie den Duden zu Hilfe.
Beispiele: Sirup (arabisch), Energie (griechisch), malochen (jiddisch), Kapuze (lateinisch, französisch), Lift (englisch)

Ich liebe dich

Die berühmten drei Wörter in verschiedenen Sprachen der Welt:

ICH LIEBE DICH

Brailleschrift	⠊⠹ ⠇⠊⠑⠃⠑ ⠙⠊⠹
Finnisch	Minä rakastan sinua
Gujarati	Hoon tane pyar karoochhoon
Latein	Amo te
Schweizerdeutsch	Ch'ha di gärn

Nach: Ben Schott: Schotts Sammelsurium

1 | In welchen Sprachen können Sie «Ich liebe dich» sagen?

2 | Tragen Sie die verschiedenen Varianten aus Ihrer Klasse zusammen und erstellen Sie eine Liste.

Tarzan ist überall

Eigentlich hatten wir annehmen wollen, die Tarzanfigur sei ein Relikt aus längst vergessenen Kindertagen. Die Zeit des radebrechenden Dschungelmanns, der alles über den Regenwald und nichts über den korrekten Satzbau weiss, schien abgelaufen. Aber weit gefehlt! Er ist noch da! – mehr noch: Tarzan erscheint der zivilisierten Menschheit in immer wechselndem Gewand, bald als Kontrolleur in der Eisenbahn, bald als Schalterbeamtin der Post, bald als ganz gewöhnlicher Passant auf der Strasse.
Kaum braucht eine Person, deren Haut ein paar Farbpigmente mehr hat als der landesübliche Durchschnitt, eine Auskunft, tritt von irgendwoher der verwandelte Tarzan auf den Plan. Die fragende Person kann sich in noch so akzentfreiem Schweizerdeutsch nach einer Adresse erkundigen, wenn sie auf Tarzan trifft, wird die Antwort immer in Tarzansprache erfolgen. So wie neulich, als eine dunkelhäutige Passantin, eben mit der Bahn in Bern angekommen, einen Herrn fragte: «Excüse, chöit dir mir säge, wieni zum Insuschpitau chume?»
Skeptisch betrachtete der als Herr verkleidete Tarzan erst die Frau, dann dachte er lange nach, dann repetierte er leise brummend den Begriff «Insuschpitau» und schliesslich erklärte er: «Auso los, am beschte du obe vo Schtäge Böss Nummer öuf, nächher du fahre City Wescht, dörte du nid use, du blibe im Böss und nachhär Böss haute Schtazion Insuschpitau und dörte du use und angeri Siite Schtross du luege Insuschpitau.» Leicht irritiert bedankte sich die so informierte Frau. Schon hatte sie sich auf den Weg zum angegebenen Bus gemacht, als Tarzan ihr noch nachrief: «Aber gäu, du vorhär Bilet löse vo Maschine, süsch wenn Kontroue, du zale Buess.»
Einmal wird jemand dem armen Tarzan schonend beibringen müssen, dass seine Auftritte in der Zivilisation allmählich peinlich werden. «Gäu Tarzan, du Tarzanschproch numeno bruche für Chino, süsch du ou Buess oder es Läbe lang Chefi. Du verschtange?»

Aus: Pedro Lenz: Tarzan in der Schweiz

1 | Beschreiben Sie die Merkmale der «Tarzansprache».

2 | Welche Haltung gegenüber Personen mit fremdländischem Aussehen kommt durch die Tarzansprache zum Ausdruck?

B
Bl
Br
Ch
Chl
Chr
D
Dr
F
Fl
Fr
G
Gl
Gn
Gr
H
J
K
Kl
Kn
Kr
L
M
N
P
Pf
Pfl
Pfr
Ph
Phl
Phr
Pr
Qu
R
S
Sch
Schl
Schm
Schn
Schr
Schw
Sp
Spl
Spr
St
Str
T
Tr
V
W
Z
Zw

Aus: Andreas Thalmayr: Lyrik nervt

Mama, Pyjama – Papa, Grappa

Ein Text klingt in unseren Ohren besser und kunstvoller, wenn er gereimt ist. Zudem kann man sich gereimte Sprache leichter merken. Die Werbung macht sich dies zunutze:

Der Kluge reist im Zuge.

Im Falle eines Falles
Klebt UHU wirklich alles.

In alten Schlagern finden sich Reime …

Ich wollt, ich wär ein Huhn,
ich hätt nicht viel zu tun.
Ich legte täglich nur ein Ei
und sonntags auch mal zwei.

Aus: Glückskinder

… aber auch in neuen Liedtexten:

Es war im Ausverkauf, im Angebot, die Sonderaktion
«Tausche blödes altes Leben gegen neue Version».
Ich hatte es kaum zu Hause ausprobiert, da wusste ich schon,
an dem Produkt ist was kaputt – das ist die Reklamation.

Guten Tag, guten Tag, ich will mein Leben zurück.
Guten Tag, ich gebe zu, ich war am Anfang entzückt.
Aber euer Leben zwickt und drückt nur dann nicht,
wenn man sich bückt.

Aus: Wir sind Helden: Guten Tag

Auf *Herz* reimt sich *Schmerz*, auf *Liebe* reimen sich *Triebe* und *Hiebe* … Aber welche Wörter reimen sich beispielsweise auf *Hand*? Mit der links stehenden Liste ist es möglich, zu fast allen Wörtern Reime zu finden. Probieren Sie einfach aus: *Hand* ➜ *Band, (Bland), Brand, (Chand)* usw. Für das Wort *Hand* ergeben sich die folgenden Treffer: Band, Brand, fand (von finden), Gand (schweizerisch für «Geröllhalde»), Land, Pfand, Rand, Sand, Schand' (von Schande), schwand (von schwinden), Stand, Strand, Tand (wertloses Zeug), Wand …

Wenn sich Wörter innerhalb der gleichen Zeile reimen, handelt es sich um einen Binnenreim: Er soll für uns die *Kohlen* aus dem Keller *holen*. ***K**ohlen* und ***K**eller* bilden zudem einen Stabreim, einen Reim auf den Wortanfang. Stabreime sind in Redewendungen sehr häufig: mit Mann und Maus, mit Kind und Kegel, über Stock und Stein.

Rap-Texte bilden eine Mischung von Endreimen, Stabreimen und Binnenreimen:

also hau ich ab mit sack und pack und pack ein paar
meiner sieben sachen die ich hab und da wird mir klar
es fehlt immer ein stück doch ich mach mir nichts draus
setz den wagen zurück und bin raus

fahr gerade überland es wird gerade mal hell
spüre freiheit in mir denk das ging aber schnell
bleibe besser im hier denn es gibt kein zurück
und alles was ich brauch ist mein auto und glück

Aus: Thomas D.: Rückenwind

1 | Erfinden Sie einen Werbespruch mit Endreim, Stabreim oder Binnenreim.

2 | Verfassen Sie selber ein Gedicht mit Endreimen.

3 | Verfassen Sie einen Text, der Endreime, Stabreime und Binnenreime enthält.

Ein Bild aus Worten

«Ein Bild sagt mehr als tausend Worte», lautet ein Sprichwort. Redewendungen enthalten oft sprachliche Bilder, also mit Worten «gezeichnete» Bilder.

Redewendung, sprachliches Bild	**Bedeutung**
Sie schlug die Hände über dem Kopf zusammen.	Sie war erstaunt, überrascht, entsetzt.
Er schimpfte wie ein Rohrspatz.	Er schimpfte heftig.
Er sah Licht am Ende des Tunnels.	Er schöpfte wieder Hoffnung, er sah eine Lösung.

Redewendungen und Sprichwörter dürfen im Wortlaut nicht verändert werden – sie sind starr vorgegeben. Allerdings ist es möglich, eigene sprachliche Bilder zu entwerfen. Eine bildhafte Sprache wird im Alltag, aber auch in literarischen Texten und Gedichten verwendet.

Draussen
Ich schaue zum Himmel,
hab 'ne Laune wie 'n Stein,
hasse die Hässlichkeit.
Der Himmel kriecht dahin,
leckt Häuser.
Man hat einen Schatten vor der Brille, es ist,
als ob man aus Toiletten trinkt.
Man fühlt sich wie eine Leiche
im Schneegestöber.
Man fährt vor Bäume,
hat einen Stein im Fuss.
Der Himmel sieht aus
wie Kaugummi im Salat.

Daniela Niekant, Schülerin, 18 Jahre

1 | «Der Himmel sieht aus wie Kaugummi im Salat» ist ein – wenn auch ziemlich ungewöhnlicher – Vergleich, ein sprachliches Bild. Was könnte damit gemeint sein?

2 | Finden Sie andere Vergleiche im Gedicht und stellen Sie Vermutungen an, was diese bedeuten.

3 | Schaffen Sie es, sich bildhaft auszudrücken? Formulieren Sie eigene Vergleiche, z.B. zum Wetter, zur Atmosphäre im Schulzimmer, zu Ihrer momentanen Gefühlslage usw.

5 Ich habe ein grosses Gefühl für dich

Codex Manesse: Konrad von Altstetten, von der Falkenbeize heimgekehrt, ruht im Schosse seiner Dame, um 1310

Dû bist mîn, ich bin dîn.
des solt dû gewis sîn.
dû bist beslozzen
in mînem herzen,
verlorn ist daz sluzzelîn[1]:
dû muost ouch immêr darinne sîn.

Anonym, nach 1150

[1] Schlüsselchen

Eugen Napoleon Neureuther: Aus Goethes «Hermann und Dorothea», 1864

Willkommen und Abschied

Es schlug mein Herz, geschwind zu Pferde!
Es war getan fast eh gedacht.
Der Abend wiegte schon die Erde,
Und an den Bergen hing die Nacht;
Schon stand im Nebelkleid die Eiche,
Ein aufgetürmter Riese, da,
Wo Finsternis aus dem Gesträuche
Mit hundert schwarzen Augen sah.

Der Mond von einem Wolkenhügel
Sah kläglich aus dem Duft hervor,
Die Winde schwangen leise Flügel,
Umsausten schauerlich mein Ohr;
Die Nacht schuf tausend Ungeheuer,
Doch frisch und fröhlich war mein Mut:
In meinen Adern welches Feuer!
In meinem Herzen welche Glut!

Dich sah ich, und die milde Freude
Floss von dem süssen Blick auf mich;
Ganz war mein Herz an deiner Seite
Und jeder Atemzug für dich.
Ein rosenfarbnes Frühlingswetter
Umgab das liebliche Gesicht,
Und Zärtlichkeit für mich – ihr Götter!
Ich hofft es, ich verdient es nicht!

Doch ach, schon mit der Morgensonne
Verengt der Abschied mir das Herz:
In deinen Küssen welche Wonne!
In deinem Auge welcher Schmerz!
Ich ging, du standst und sahst zur Erden,
Und sahst mir nach mit nassem Blick:
Und doch, welch Glück, geliebt zu werden!
Und lieben, Götter, welch ein Glück!

Johann Wolfgang von Goethe

Roy Lichtenstein: Kuss II., 1962

Wir wohnen
Wort an Wort

Sag mir
dein liebstes
Freund

meines heisst
DU

Rose Ausländer

Geständnis

Ich habe ein grosses Gefühl für dich.

Wenn ich an dich denke,
gibt es mir einen Schlag.
Wenn ich dich höre,
gibt es mir einen Stoss.
Wenn ich dich sehe,
gibt es mir einen Stich:
Ich habe ein grosses Gefühl für dich.

Soll ich es vorbeibringen,
oder willst du es abholen?

Robert Gernhardt

Morgens und abends zu lesen

Der, den ich liebe
Hat mir gesagt
Dass er mich braucht.

Darum
Gebe ich auf mich acht
Sehe auf meinen Weg und
Fürchte von jedem Regentropfen
Dass er mich erschlagen könnte.

Bertolt Brecht

Was wär ...

Was wär ein Apfel ohne -sine,
was wären Häute ohne Schleim,
was wär die Vita ohne -mine,
was wär'n Gedichte ohne Reim?

Was wär das E ohne die -lipse,
was wär veränder ohne -lich,
was wären Kragen ohne Schlipse,
und was wär ich bloss ohne dich?

Heinz Erhardt

1 | Machen Sie zu einem der Gedichte eine eigene Zeichnung.

2 | Tragen Sie in einer Gruppe die Gedichte einander laut vor. Beziehen Sie Gestik und Körperhaltung in den Vortrag ein.

3 | Verfassen Sie eine Variante des Gedichts «Was wär ...». Beispiel: Was wär ein Auto ohne -reifen, / Was wär ein Korken ohne -zieher, Was wär ein Zebra ohne -streifen usw.

Liebesklicke

Es wird geflirtet, verführt und verletzt – ohne dass man sich je gesehen hat. Das Internet wird zur Liebesbörse der Zukunft. Aber das reale Leben schlägt zurück.

Meine Mutter hat noch ihren Schulschatz geheiratet mit dem Versprechen, zusammen zu sein, bis dass der Tod sie scheidet. Heute bietet die Ehe keinen Halt mehr für ein ganzes Leben: 40 Prozent gehen nach durchschnittlich acht Jahren auseinander. Alles dynamisch. Schwung, Bewegung, Chaos. Immer wieder Ungebundene, die sich wieder binden. Vielleicht sogar heiraten. Und nein, man hat nicht zusammen Kerzen gezogen am kirchlichen Weihnachtsbasar, und nein, man hat sich auch nicht im dörflichen Turnverein kennen gelernt. Dafür sind wir zu weltlich und zu mobil. Wir wissen, dass wir nicht mit Wurzeln zur Welt gekommen sind, sondern mit Füssen, mehr noch mit Flügeln. Mal hier, mal da. Wir lernen die Welt kennen. Wir reisen. Wir sind Individuen. Wir sind frei. Wir arbeiten viel. [...] Wo aber lernen wir Heutige uns kennen?

Marktplatz für Menschlichkeit

Der Weg für uns Heutige ist das World Wide Web. Es gibt unzählige Internet-Sites, die sich in den Dienst der Beziehungsanbahnung stellen, und sie weisen traumhafte Wachstumszahlen auf. Das Internet gehört zu unserem Alltag wie Sauerstoff – wir bestellen Flugzeugtickets und Philip Roths «Der menschliche Makel», wir suchen im Netz Job, Auto und Wohnung – wieso nicht auch Liebe? Da könnte der eine oder die andere plötzlich auf die Idee kommen, dass ein Partner auch nicht mehr ist als ein weiterer Job und im guten Falle ein Fortbewegungsmittel und ein Heim. Das mag der Romantik abträglich sein. Aber wer braucht schon Romantik. [...]

Ediths Online-Masken

Edith manipuliert. Was sie im Internet präsentiert, ist ein Selbstporträt in den schönsten Farben. Ein Tribut[1], den sie gezwungenermassen entrichtet. «Denn viele Männer lassen sich gar nicht erst auf eine Korrespondenz ein, wenn sie dich nicht im Bild haben», sagt Edith. Edith macht sich auch gerne jünger. Schliesslich machen sich die Männer oft ein bisschen grösser, als sie sind, Edith konnte das schon mehrmals überprüfen. Edith ist manchmal auch mehrere. Sie hat verschiedene Profile, mit jedem lebt sie eine andere Möglichkeit ihrer Person aus. Vielleicht erfährt sie dank ihren Online-Masken ja etwas Neues über sich. Sie macht das jetzt seit einem Jahr. Und ja, sie hatte mehrere schöne, aufregende Mailfreundschaften. Man schaukelt sich gegenseitig hoch, und wenn dann nichts passiert, versandet es. Und das ist gut.

[1] Steuer (im alten Rom), Beitrag

Edith ist seit fünfzehn Jahren geschieden und seit Längerem ohne festen Mann an ihrer Seite. Doch ist es nicht so, dass sie mit dem Liebesbusiness abgeschlossen hätte. Sie sehnt sich immer mal wieder nach einer lebendigen, guten Beziehung. Online-Dating kann ein Weg dazu sein, sagt sie, aber sie rechnet nicht damit. Denn was da geschieht, ist in ihren Augen etwas ganz Anderes: «Im Internet», sagt Edith, «sind die Begegnungen frei von der Bürde der physischen Existenz.» Es gibt keine Stimme, die stört, keine Gestik, keinen Körper. Keine Vergangenheit, die sich ins Gesicht eingeschrieben hätte. Auch wenn man vielleicht ein Bild von sich gegeben hat – geht vergessen. Man bewegt sich jenseits von Alter und Jugend, von Schön und Hässlich. Man ist ganz Sprache, ist Schrift. Die Dom bauenden Gedanken überfliegen die fettigen Haare und die Trainerhose, in der man gerade dasitzt. Es zählt allein die Wendigkeit des Geistes. «Das hat etwas sehr Schönes und Reines», sagt Edith. «Aber», sagt sie, «es hat nichts mit dem wirklichen Leben zu tun.» Die Mailbekanntschaften und die daraus resultierenden tatsächlichen Begegnungen finden auf verschiedenen Ebenen statt und sind getrennt abzurechnen. Und so macht Edith das auch.

Für sie passt Online-Dating perfekt in ihr Leben und in unsere Zeit. Viele – in Zürich 50 Prozent – leben in Einzelhaushalten. «Wir sind so individualisiert, dass wir Nähe oft nur schwer ertragen», sagt Edith. Nur, die Sehnsucht danach sei immer noch da. Das Internet ist eine Brücke: Der andere ist weit weg, aber wir sitzen mitten in seinem Gehirn. «Das kann süchtig machen», sagt Edith. Wie Alkohol. Es ist Realitätsflucht. Die libidinöse[2] Energie, die Gefühle werden kanalisiert, die Auseinandersetzung mit dem wirklichen Menschen kann warten. Es ist ein grossartiger Zeitvertreib. Man kommt nach Hause und weiss: Der Abend ist gebongt. «Doch, man kann im Netz verloren gehen», sagt Edith. [...]

Nach: Ursula von Arx: Liebesklicke

[2] triebhaft; libido (lat.) = Lust, Begierde

1 | Lesen und bearbeiten Sie den Text mit Hilfe der SQ3R-Methode (vgl. S. 31).

2 | Früher: «Meine Mutter hat noch ihren Schulschatz geheiratet mit dem Versprechen, zusammen zu sein, bis dass der Tod sie scheidet.» – Heute: «Alles dynamisch. Schwung, Bewegung, Chaos. Immer wieder Ungebundene, die sich wieder binden.» Stimmen Sie dem so dargestellten Gegensatz zu? Was sind die Vor- und Nachteile der früheren Lebensform und des heutigen Trends?

3 | Gruppenarbeit: Stellen Sie – auch mit Hilfe des Textes – auf einem Poster die Gefahren und die Chancen von Online-Dating dar. Geben Sie ausserdem an, wie man sich vor den Gefahren schützen kann.

«Ich musste mich schon früh rechtfertigen, dass ich überhaupt da bin!»

Wenn ich «Haiti» höre, denke ich an Armut, Korruption, an Voodoo und dunkelhäutige Menschen, auch an Port-au-Prince, das ist die Hauptstadt. Dort wurde ich geboren. Ich habe noch einige Erinnerungen: dass wir einen Jeep hatten und dass wir mit mehreren Verwandten in einem Haus lebten, wo es auch einen Hund gab. Wenn es regnete, gingen wir mit Fässern hinaus, um das Wasser zu sammeln. Und Mais wurde am Feuer gekocht. Das weiss ich noch.

[...] Als kleines Kind lebte ich zusammen mit meinem zwei Jahre älteren Bruder bei meiner Grossmutter in Haiti. Unsere Mutter ist nach meiner Geburt wieder in die Schweiz geflogen, zu meinem Stiefvater. Sie selbst hatte den Schweizer Pass schon, sie ist als Erwachsene hierher gekommen. Es ist alles ziemlich kompliziert. Jedenfalls holte sie uns dann auch in die Schweiz. Dann wohnten wir eine Zeit lang zusammen, aber es ging nicht so gut. Unser Stiefvater hat uns geschlagen und mit meiner Mutter viel gestritten. Sie haben zusammen noch einen Sohn, meinen Halbbruder, der ist jetzt dreizehn.

Wir zwei Brüder kamen in ein Übergangsheim, da war ich etwa drei Jahre alt. Später lebten wir in Bäretswil, in einem Kinderheim. Dort kam ich in den Kindergarten und ging fünf Jahre zur Schule, bevor ich hierher in die Grünau kam, weil das Heim geschlossen wurde. Am Schluss waren wir dort nur noch drei Kinder. Mein Bruder und ich waren die ganze Zeit zusammen.

Die Einflüsse von Haiti waren bei mir nicht so stark. Ich bin ja hier aufgewachsen wie die Schweizer Kinder und habe eigentlich nicht unbedingt in einer anderen Kultur gelebt. Französisch konnte ich zwar schon ziemlich früh, weil meine Eltern viel französisch geredet haben, auch kreolisch. Meine Mutter kocht ziemlich scharf, und mein Vater hat mir viel von Voodoo erzählt. Er hat gesagt, es gibt guten und schlechten Voodoo. Meist hört man halt nur vom schlechten Voodoo. Ich habe mich aber nicht speziell dafür interessiert. Ich weiss nur, dass Voodoo auch mit guter Magie und Heilung zu tun hat und dass er früher, ungefähr im 16. Jahrhundert, entstanden ist, als afrikanische Sklaven nach Haiti kamen.

Meine Wurzeln sind aber wohl doch eher in Haiti. Denn wenn ich «Schweiz» höre, denke ich mehr an Hellhäutige. Also ich kann nicht sagen, ich bin ganz Schweizer. Ich bin es nicht. Ich denke, das mit der Hautfarbe – es unterscheidet einen schon. Ich bin jetzt zwar daran gewöhnt, viel mit Hellhäutigen zusammen zu sein. Aber es ist anders, wenn ich mit Dunkelhäutigen bin. Es ist ein anderes Gefühl, so als ob wir uns schon länger kennen würden, irgendwie vertrauter. Wenn ich mit einem dunkelhäutigen Kollegen zusammen bin, weiss ich, dass er ein Stück weit das Gleiche erlebt wie ich. Er spürt die gleichen Blicke, die einen den ganzen Tag treffen, wenn man durch Zürich geht. Er kennt die Szene, wenn man im Zug sitzt und jemand setzt sich neben dich und hält die Tasche besonders fest. Das sind meist ältere Leute, die Jüngeren sind nicht unbedingt so. Er erfährt dasselbe: Wenn man in einen Laden geht, wird man die ganze Zeit von den Leuten beobachtet. Auch dass die Leute so angestrengt hochdeutsch reden oder so kompliziert tun, weil sie meinen, ich verstehe kein Deutsch. Und er weiss auch, wie es ist, die Zeitung in der S-Bahn aufzuschlagen und zu lesen, was die Ausländer da und dort gemacht haben – und man ist selbst ein Ausländer und wird in den gleichen Topf geworfen.

Ich denke, diejenigen Ausländer, die zum Beispiel Schlägereien anfangen oder kriminell werden, die machen es den anderen Ausländern viel schwerer. Also vor allem in unserem Land und in dieser Zeit, wo es viel

Arbeitslosigkeit gibt und weitere Probleme. Da färbt jedes Verbrechen, das einer macht, auf alle anderen ab. Und doch ist mir die Schweiz wichtiger als Haiti. Denn ich habe so viel mitbekommen hier – die Schulbildung, die Art zu leben, auch die Art, auf andere zu achten. In Haiti ist nur die eigene Person wichtig, denn man muss schauen, dass man überlebt, jeden Tag aufs Neue. Aber hier ist das anders, vor allem in der Grünau geht es immer um das Zusammenleben und die Achtung vor den anderen. Diese Möglichkeit, dass ich hier aufwachsen konnte, die Schule besuchen und bald eine Ausbildung machen kann, das bedeutet mir viel.
Ich bin dabei, mich einbürgern zu lassen. Dann werde ich auch stimmen gehen. Ich denke, wenn man in der Schweiz lebt, sollte man sich doch für Politik interessieren. Man hört die Leute viel reden und schimpfen über dies und jenes. Aber ich frage mich, warum sie nicht zur Abstimmung gehen. In wenigen Ländern haben die Menschen so viel Rechte wie hier in der Schweiz, also dass die demokratischen Rechte so weit gehen, das ist nicht selbstverständlich. [...]
Jetzt mache ich erst mal eine kaufmännische Lehre, aber mein Traum wäre, Jura zu studieren, denn am liebsten würde ich Rechtsanwalt werden. Kommunikation ist meine Stärke, reden kann ich am besten, diskutieren und so. Wenn ich wütend werde, dann meistens, weil ich etwas ungerecht finde. Und ausserdem musste ich mich schon früh selbst verteidigen, mich rechtfertigen, dass ich überhaupt da bin. Zum Beispiel den Kindern in der Schule gegenüber, die sagten: «Was suchst du überhaupt hier? Wieso bist du überhaupt da?» Am Schluss endete es meist in einer Schlägerei. Also in der zweiten Klasse gab es das viel. Aber ich konnte mich oft wehren, ich habe meinen Bruder oft beschützt, der ist zwar älter, aber er war sensibler. [...]
Früher habe ich meine Vorbilder aus Büchern geholt. Ich habe sehr gern Sagen gelesen, vor allem aber Bücher über Ramses den Grossen aus Ägypten. Die Bücher haben mir geholfen in meinen schwierigen Zeiten. Aber vor allem hat mir mein Zorn geholfen. Ich war eigentlich immer wütend früher, vor allem auf meinen Stiefvater, wenn er uns geschlagen hat. Mein Zorn ist auch wie eine Kraft, die ich ständig zurückhalten muss. Ich werde manchmal schon bei kleinen Sachen zornig. Die Wut hat mir aber auch geholfen und der Glaube, dass es besser wird.
Darum geht es auch in der Musik, im Hiphop. In den Liedern, die mir gefallen, geht es um Veränderung, um Hoffnung. Wenn ich selbst Texte mache und rappe, geht es immer um Hoffnung auf Veränderung. Ich denke, solange es Menschen gibt, die an bessere Zeiten glauben, gibt es auch die Hoffnung auf solche Zeiten.

Nach: Eva Burkard, Genny Russo: global_kids.ch

1 | Der Text ist aus einem Interview entstanden. Welche Fragen könnte die Journalistin Dominique gestellt haben?

2 | Was tat Dominique früher, um mit seiner Lebenssituation fertig zu werden? Welche Mittel wendet er heute an?

3 | Stellen Sie sich eine der Situationen (Zeile 35–42), von «Er spürt die gleichen Blicke» bis «wird in den gleichen Topf geworfen», genauer vor.
a) Erfinden Sie aufgrund dieser Situation eine kurze Erzählung (150–250 Wörter).
b) Üben Sie in einer Gruppe ein Standbild zu einer Situation der Zeilen 35–42 ein. Bei einem Standbild (auch «Denkmalbau» genannt) stellen die Gruppenmitglieder eine ausdrucksstarke Situation dar, wie sie in einer Fotografie festgehalten sein könnte. Alle nehmen dabei eine bestimmte Körperhaltung ein und «erstarren» für etwa dreissig Sekunden.

4 | Kommentieren Sie den letzten Satz: «Ich denke, solange es Menschen gibt, die an bessere Zeiten glauben, gibt es auch die Hoffnung auf solche Zeiten.»

Hauptsache weit

A

Und weg, hatte er gedacht. Die Schule war zu Ende, das Leben noch nicht, hatte noch nicht begonnen, das Leben. Er hatte nicht viel Angst davor, weil er noch keine Enttäuschung kannte. Er war ein schöner Junge mit langen dunklen Haaren, er spielte Gitarre, komponierte am Computer und dachte, irgendwie werde ich wohl später nach London gehen, was Kreatives machen. Aber das war später.

Und nun?

B

Warum kommt der Spass nicht? Der Junge hockt in einem Zimmer, das Zimmer ist grün, wegen der Neonleuchte, es hat kein Fenster und der Ventilator ist sehr laut. Schatten huschen über den Betonboden, das Glück ist das nicht, eine Wolldecke auf dem Bett, auf der schon einige Kriege ausgetragen wurden. Magen gegen Tom Yan, Darm gegen Curry. Immer verloren, die Eingeweide.

Der Junge ist 18, und jetzt aber Asien, hatte er sich gedacht. Mit 1000 Dollar durch Thailand, Indien, Kambodscha, drei Monate unterwegs, und dann wieder heim, nach Deutschland. Das ist so eng, so langweilig, jetzt was erleben und vielleicht nie zurück. Hast du keine Angst, hatten die blassen Freunde zu Hause gefragt, so ganz alleine? Nein, hatte er geantwortet, man lernt ja so viele Leute kennen unterwegs.

Bis jetzt hatte er hauptsächlich Mädchen kennen gelernt, nett waren die schon, wenn man Leute mag, die einen bei jedem Satz anfassen. Mädchen, die aussahen wie dreissig und doch so alt waren wie er, seit Monaten unterwegs, die Mädchen, da werden sie komisch.

C

Übermorgen würde er in Laos sein, da mag er jetzt gar nicht dran denken, in seinem hässlichen Pensionszimmer, muss Obacht geben, dass er sich nicht aufs Bett wirft und weint, auf die Decke, wo schon die anderen Dinge drauf sind. In dem kleinen Fenster kommen nur Leute vor, die ihm völlig fremd sind, das ist das Zeichen, dass man einsam ist, wenn man die Fernsehstars eines Landes nicht kennt und die eigenen keine Bedeutung haben. Der Junge sehnt sich nach Stefan Raab, nach Harald Schmidt und Echt.

Er merkt weiter, dass er gar nicht existiert, wenn es nichts hat, was er kennt. Wenn er keine Zeitung in seiner Sprache kaufen kann, keine Klatschgeschichten über einheimische Prominente lesen, wenn keiner anruft und fragt, wie es ihm geht. Dann gibt es ihn nicht. Denkt er. Und ist unterdessen aus seinem heissen Zimmer in die heisse Nacht gegangen, hat fremdes Essen vor sich, von einer fremdsprachigen Serviererin gebracht, die sich nicht für ihn interessiert, wie niemand hier. Das ist wie tot sein, denkt der Junge. Weit weg von zu Hause, um anderen beim Leben zuzusehen, könnte man umfallen und sterben in der tropischen Nacht und niemand würde weinen darum.

Jetzt weint er doch, denkt an die lange Zeit, die er noch rumbekommen muss, alleine in heissen Ländern mit seinem Rucksack, und das stimmt so gar nicht mit den Bildern überein, die er zu Hause von sich hatte.

Wie er entspannt mit Wasserbüffeln spielen wollte, in Strassencafés sitzen und cool sein. Was ist, ist einer mit Sonnenbrand und Heimweh nach den Stars zu Hause, die sind wie ein Geländer zum Festhalten.

Er geht durch die Nacht, selbst die Tiere reden ausländisch, und dann sieht er etwas, sein Herz schlägt schneller. Ein Computer, ein Internet-Café. Und er setzt sich, schaltet den Computer an, liest seine E-Mails. Kleine Sätze von seinen Freunden, und denen antwortet er, dass es ihm gut gehe und alles grossartig sei, und er schreibt und schreibt und es ist auf einmal völlig egal, dass zu seinen Füssen ausländische Insekten so gross wie Meerkatzen herumlaufen, dass das fremde Essen im Magen drückt. Er schreibt seinen Freunden über die kleinen Katastrophen und die fremde Welt um ihn verschwimmt, er ist nicht mehr allein, taucht in den Bildschirm ein, der ist wie ein weiches Bett, er denkt an Bill Gates und Fred Apple, er schickt ein Mail an Sat 1, und für ein paar Stunden ist er wieder am Leben, in der heissen Nacht weit weg von zu Hause.

D

E

Sibylle Berg: Hauptsache weit

1 | Versuchen Sie, die Stimmung/Befindlichkeit des jungen Mannes in den fünf im Text mit Klammern gekennzeichneten Stellen (A–E) einzuschätzen. Setzen Sie in der Grafik rechts Punkte und verbinden Sie diese zu einer Gefühlskurve. Vergleichen Sie Ihre Gefühlskurve mit der Grafik des Pultnachbarn.

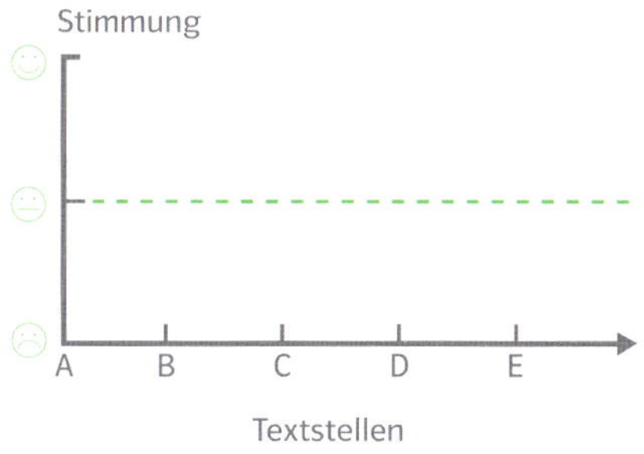

2 | Versetzen Sie sich in die Haut des Reisenden. Schreiben Sie in der Ich-Form eine E-Mail an die Freundin in Deutschland, in der Sie nichts beschönigen.

3 | Computer, Fernsehmoderatoren und -stars sowie Fernsehstationen verleihen dem Reisenden ein wenig das Gefühl von Heimat. Was braucht es Ihres Erachtens, damit Sie sich zu Hause fühlen?

4 | Verfassen Sie einen Text zum Thema «Wo ist die Fremde? Wo ist die Heimat?». Gehen Sie dabei auf eine oder auf beide Fragen ein.

1 Wortlehre

Lernziel: Ich kann Wörter den fünf Wortarten zuordnen: *Verb, Nomen, Adjektiv, Pronomen, Partikel.* Diese Einteilung bildet die Grundlage für zwei wichtige Kapitel:
- **die Grammatik der Wortarten,**
- **die Gross- und Kleinschreibung der Wörter.**

Die Einteilung hilft mir, Rechtschreib- und Grammatikfehler zu vermeiden.

Die fünf Wortarten

Entscheidend für die Zuordnung zu einer Wortart ist die Veränderbarkeit eines Wortes.

Theorie 1

Welche Veränderungen kann ich an einem Wort vornehmen?

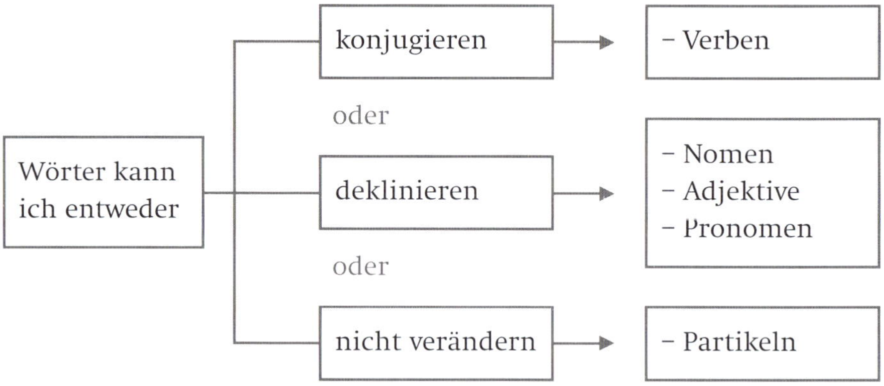

Übung 1

Geben Sie für jedes Wort an, ob es konjugiert (k), dekliniert (d) oder nicht verändert (p) werden kann.

Beispiel
Hauskatzen (d) ernähren (k) sich (d) nicht (p) wie (p) wilde (d) Katzen (d).

1 | Die .... Nahrung .... von .... wild .... lebenden .... Katzen .... besteht .... aus .... kleinen .... Beutetieren ....

2 | Katzen .... fressen .... nicht .... nur .... Mäuse .... , sondern .... sie .... verzehren .... auch .... Vögel .... , Insekten .... , Eidechsen .... und .... andere .... Lebewesen ....

3 | Hauskatzen .... werden .... jedoch .... von .... ihrem .... Halter .... oder .... von .... ihrer .... Halterin .... mit .... Futter .... versorgt ....

Konjugieren: die Personal- und die Zeitformen eines Verbs bilden

Personalformen:

ich gehe	wir gehen
du gehst	ihr geht
er geht	sie gehen

Zeitformen:
ich gehe
ich bin gegangen
ich ging
ich war gegangen
ich werde gehen
ich werde gegangen sein

Deklinieren: die vier Fälle eines Nomens, eines Adjektivs oder eines Pronomens bilden

WER?
der (Pronomen)
schwarze (Adjektiv)
Kater (Nomen)

WESSEN?
des schwarzen Katers

WEM?
dem schwarzen Kater

WEN?
den schwarzen Kater

Theorie 2

Wie unterscheide ich die deklinierbaren Wortarten *Nomen*, *Adjektiv* und *Pronomen* voneinander?

Nomen haben ein bestimmtes grammatisches Geschlecht.	männlich: **der** Kater weiblich: **die** Katze sächlich: **das** Kätzchen
Pronomen und ***Adjektive*** haben an sich kein bestimmtes Geschlecht, sie passen ihr grammatisches Geschlecht dem Bezugswort an.	**mein *neuer*** Kater **meine *neue*** Katze **mein *neues*** Kätzchen
Von ***Adjektiven*** kann man Vergleichsformen bilden (Steigerung), von Pronomen hingegen nicht.	Mein ***neuer*** Kater ist ***wählerischer*** als meine Katze. Er frisst nur das ***beste*** Fleisch.

Steigern: Adjektive in Vergleichsformen setzen

gleicher Grad:
gross, schnell, so gross wie, ebenso schnell wie

ungleicher Grad:
grösser als, schneller als

höchster Grad:
der grösste, der schnellste, am grössten, am schnellsten

Zusammenfassend lässt sich die Einteilung in Wortarten so darstellen:

1. Verb	2. Nomen	3. Adjektiv	4. Pronomen	5. Partikel
konjugierbar	deklinierbar	deklinierbar	deklinierbar	nicht veränderbar
	Geschlecht bestimmt	Geschlecht unbestimmt (dem Bezugswort angepasst)	Geschlecht unbestimmt (dem Bezugswort angepasst)	
		mit Vergleichsformen (Steigerung möglich)		

Übung 2

Bestimmen Sie die Wortart. Geben Sie in der rechten Spalte die Erkennungsmerkmale an.

Wort	Wortart	Erkennungsmerkmale
Mein	Pronomen	deklinierbar, Geschlecht an Bezugswort angepasst, ohne Vergleichsformen
junger	Adjektiv	deklinierbar, Geschlecht an Bezugswort angepasst, mit Vergleichsformen
Kater	Nomen	deklinierbar, Geschlecht bestimmt
ist	Verb	konjugierbar
ein	Pronomen	deklinierbar, Geschlecht an Bezugswort angepasst, ohne Vergleichsformen
sehr	Partikel	nicht veränderbar
wählerisches		
Tier.		
Er		
lässt		
sich		
nur		
bestes		
Frischfleisch		
vorsetzen,		
das		
nicht		
länger		
als		
einen		
Tag		
gelagert		
wurde.		

Theorie 3

Welche wichtigen Sonderfälle muss ich kennen?

- Verbzusätze sind Teil des Verbs.

  Beispiel

  darstellen (Verb): **dar** = Verbzusatz ➜ Dieses Bild **stellt** eine Katze **dar.**

- Verschmelzungen von Partikeln und Pronomen werden den Partikeln zugeordnet.

  Beispiel

  zum (zu dem), **am** (an dem), **vom** (von dem) ➜ Ich schaue der Katze **beim** Fressen zu.

- Zahlen gehören in der Regel zu den Adjektiven; sie werden als Zahladjektive bezeichnet, sind aber nicht steigerbar.

  Beispiel

  die **365** Tage des Jahres; der **Letzte** des Monats; eine gesunde Katze braucht mindestens **drei** Mahlzeiten pro Tag.

- Nicht alle Adjektive lassen sich steigern: Von Adjektiven wie **wörtlich, ledig, leer, voll, lila** usw. gibt es keine Vergleichsformen.

Übung 3

Bestimmen Sie die Wortart und setzen Sie in den Text die Nummern 1 – 5 ein: 1 Verb, 2 Nomen, 3 Adjektiv, 4 Pronomen, 5 Partikel.

Beispiel

Im (5) alten (3) Ägypten (2) war (1) die (4) Katze (2) eine (4) verehrte (3) Gottheit (2).

Im .... europäischen 3.......... Mittelalter .... hingegen .... und ....
bis .... weit .... ins .... 18. .... Jahrhundert .... schrieb ....
man .... den .... Katzen .... böse .... Kräfte .... zu ....
Wenn .... sich .... Katzen .... zufällig .... einer .... alten ....
Frau .... anschlossen .... , die .... für .... sich .... alleine ....
lebte .... , hielt .... man .... sie .... für .... die .... Vertraute ....
einer .... Hexe .... Katzen .... kann .... man .... häufig ....
beim .... Umherstreichen .... beobachten .... Deshalb ....
glaubte .... man .... , dass .... sie .... entweder .... die ....
übernatürlichen .... Diener .... dieser .... «Hexen» ....
seien .... oder .... sogar .... eine .... Hexe .... selbst .... ,
die .... sich .... in .... eine .... Katze .... verwandelt ....
habe ....

Lernziel: Ich vertiefe meine Kenntnisse der Wortarten, indem ich mir merke, was die verschiedenen Wortarten leisten und wie sie eingesetzt werden.

Der Gebrauch der fünf Wortarten

Theorie 4

Was leisten die einzelnen Wortarten?

Wortarten lassen sich nicht nur nach der Veränderbarkeit bestimmen. Jede Wortart erfüllt auch eine bestimmte Funktion.

1. Verben	2. Nomen	3. Adjektive	4. Pronomen	5. Partikeln
bezeichnen – Zustände (wohnen) – Vorgänge (verblühen) – Handlungen (bauen)	bezeichnen – Lebewesen (Tier) – Sachen (Auto) – abstrakte Inhalte (Kälte, Alter)	benennen – Eigenschaften und Merkmale (Marias *neues* Auto fährt *schnell*.)	sind Begleiter oder Stellvertreter des Nomens: – Begleiter (*mein* Haus, *das* Haus) – Stellvertreter (*Es* wurde 1996 gebaut.)	sind eine Restgruppe. In Theorie 5 erfahren Sie mehr dazu.

Übung 4

Bestimmen Sie im folgenden Text die Wortarten: 1 Verb, 2 Nomen, 3 Adjektiv, 4 Pronomen, 5 Partikel. Bezeichnen Sie die Nomen und die Pronomen genauer.

Der ....4.... Diktator ....2.... hat ....1....
sich ....4.... aus .... über ....
hundert .... Bewerbern .... einen ....
Schuhputzer .... ausgesucht ....
Er .... trägt .... ihm .... auf .... ,
nichts .... zu .... tun .... als ....
seine .... Schuhe .... zu ....
putzen .... Das .... bekommt ....
dem .... einfachen .... Mann ....
vom .... Land .... , er ....
nimmt .... rasch .... an ....
Gewicht .... zu .... und ....
gleicht .... seinem .... Vorgesetzten .... ,
dem .... Diktator .... , mit ....
den .... Jahren .... aufs ....
Haar .... Er .... isst ....
dieselbe .... Kost .... wie ....
der .... Diktator .... Er ....
hat .... bald .... dieselbe ....
dicke .... Nase .... und .... auch ....
denselben .... Schädel .... Ein ....
wulstiger .... Mund .... tritt ....
heraus .... , und .... wenn ....
er .... grinst .... , zeigt .... er ....
die .... Zähne ....

Der: Begleiter; Diktator: Lebewesen; sich: Stellvertreter

Theorie 5

Welche Arten von Partikeln lassen sich unterscheiden?

Die Partikeln werden, je nachdem, was sie leisten, in drei Hauptgruppen unterteilt.

Name	Präpositionen	Konjunktionen	Adverbien
Funktion	kennzeichnen das Verhältnis zwischen zwei Wörtern oder Wortgruppen; weisen dem nachfolgenden Wort (der nachfolgenden Wortgruppe) einen Fall zu.	verbinden Sätze und Teile von Sätzen miteinander.	geben die genaueren Umstände an. Sie informieren darüber, *wo, wann, wie* oder *warum* etwas geschieht.
Beispiele: Wörter	*an, auf, in, nach, zu, bei, bis, während, seit, infolge, wegen, durch, trotz, von, dank, für*	*und, (so)wie, sowohl – als auch* *oder, entweder – oder* *aber, doch, sondern, denn*	*wo? dort, dorthin, hier* *wann? bald, gestern, nachher* *wie? sehr, umsonst, ausserdem* *warum? darum, dennoch, doch*
Beispiele: Satzebene	Das ist eine Unterhaltungssendung *mit* Niveau. Das Haus steht *hinter* dem Hügel. Geschäft *wegen* Betriebsausflug geschlossen	*Entweder* du kommst mit *oder* wir gehen alleine. Sie liebt nicht Paul, *sondern* Pedro.	*Weshalb* ist er *heute* nicht zur Verabredung erschienen? Wir haben *dort sehr* lange gewartet.

Übung 5

Unterstreichen Sie alle Partikeln. Geben Sie an, ob es sich um Präpositionen (P), Konjunktionen (K) oder Adverbien (A) handelt.

Alle, selbst die Minister und die nächsten Vertrauten des Diktators, fürchten sich vor dem Schuhputzer. Am Abend kreuzt er die Stiefel und spielt auf einem Instrument. Er schreibt lange Briefe an seine Familie, die seinen Ruhm im ganzen Land verbreitet: «Wenn man Schuhputzer des Diktators ist», sagen sie, «ist man dem Diktator am nächsten.» Tatsächlich hat er immer vor des Diktators Türe zu sitzen und sogar dort zu schlafen. Auf keinen Fall darf er sich von seinem Platz entfernen.

Nach: Thomas Bernhard: Der Diktator

Theorie 6

Welche Wortarten und Wortformen werden am häufigsten verwendet?

Die Verwendung der Wörter folgt dem «Grundsatz der geringsten Anstrengung». Das heisst: Kurze Wortformen sind häufiger als lange. Das ist mit ein Grund, weshalb die in der Regel kurzen Partikeln und Pronomen weitaus am häufigsten verwendet werden. Hier die Rangliste der am häufigsten verwendeten Wortformen:

Rang	Wortform	Wortart	Rang	Wortform	Wortart
1	die	Pronomen (Artikel)	8	nicht	Partikel (Adverb)
2	der	Pronomen (Artikel)	9	von	Partikel (Präposition)
3	und	Partikel (Konjunktion)	10	sie	Pronomen (Personalpronomen)
4	in	Partikel (Präposition)	11	ist	Verb (Hilfsverb)
5	zu	Partikel (Präposition)	12	des	Pronomen (Artikel)
6	den	Pronomen (Artikel)	13	sich	Pronomen (Reflexivpronomen)
7	das	Pronomen (Artikel)	14	mit	Partikel (Präposition)
90	Zeit	häufigstes Nomen	127	machen	häufigstes Vollverb

Nach: Helmut Meier: Deutsche Sprachlinguistik

Übung 6

Erstellen Sie für die zwei Texte eine Statistik, welche Wortart wie häufig im Text vorkommt. Vergleichen Sie die Resultate.

1 | Eines Nachts jedoch, als er sich stark genug fühlt, betritt er das Zimmer, weckt den Diktator und schlägt ihn mit der Faust nieder, sodass er tot liegen bleibt. Rasch entledigt sich der Schuhputzer seiner Kleider und wirft sich selbst in das Gewand des Diktators. Vor dem Spiegel des Diktators stellt er fest, dass er tatsächlich aussieht wie der Diktator. Kurz entschlossen stürzt er vor die Tür und schreit, sein Schuhputzer habe ihn überfallen. Aus Notwehr habe er ihn niedergeschlagen und getötet. Man solle ihn fortschaffen und seine Familie benachrichtigen.

Nach: Thomas Bernhard: Der Diktator

2 | Diktatur: Herrschaftsform mit unbeschränkter Macht einer Person oder Gruppe; besonders als Gegensatz zur Demokratie verstanden. Zu unterscheiden sind: 1. die vorübergehende Vereinigung ausserordentlicher Machtbefugnisse zur Überwindung von Notlagen; 2. dauernde Konzentration der Macht in der Hand einer Person oder einer Gruppe. Diktatur als Dauerherrschaft ist verbunden mit der Unterdrückung der Opposition, der Aufhebung der Gewaltenteilung, der Ausschaltung oder Behinderung der Öffentlichkeit bei der Kontrolle politischer Macht sowie der weitgehenden Einschränkung der verfassungsmässigen Grund- und Mitwirkungsrechte der Bürger. Sie stützt sich meist auf eine Partei, auf das Militär oder die Arbeiterschaft.

Aus: Brockhaus, Band 3

Lernziel: Ich erkenne, wie Wörter durch Wortzusammensetzungen oder durch Ableitungen gebildet werden. Dies hilft mir, meinen Wortschatz zu erweitern und Wörter richtig zu schreiben.

Die Wortbildung

Theorie 7

Wie werden Wörter durch Wortzusammensetzungen gebildet?

Bilderrahmen, Bleistiftspitzmaschine, veilchenblau – all diesen Wörtern ist eines gemeinsam: sie sind aus zwei oder mehreren Wörtern zusammengesetzt. Bilder + Rahmen / Blei + Stift + spitzen + Maschine / Veilchen + blau. Dabei folgen die Wortzusammensetzungen immer demselben Muster:

Beispiel

Bestimmungswort + Grundwort = Wortzusammensetzung

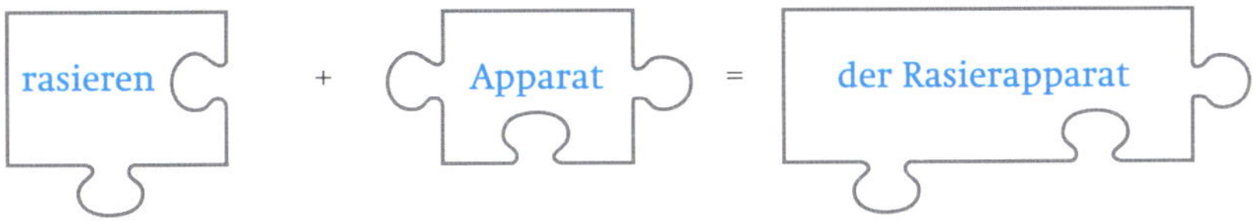

Das Grundwort legt die Zugehörigkeit zur Wortart fest:

Beispiel

der Preis + geben = preisgeben

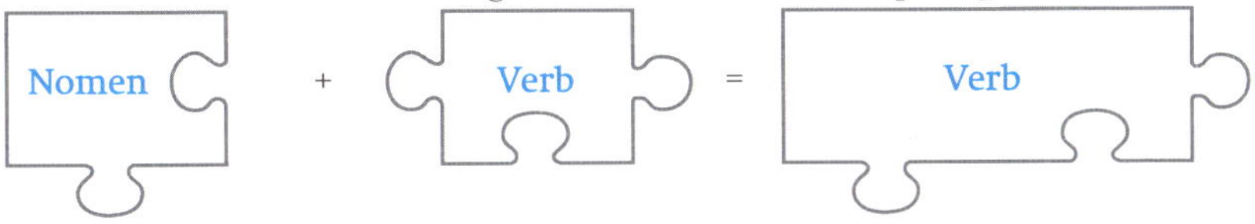

Übung 7a

Vervollständigen Sie die Tabelle.

Bestimmungswort	Grundwort	Wortzusammensetzung	Bedeutung
rasieren Verb	der Apparat Nomen	der Rasierapparat Nomen	Apparat, mit dem man sich rasiert
waschen	der Tag		
tropfen	nass		
schnell	die Strasse		
die Hilfe	bereit		
die Pflege	bedürftig		
schwarz	fahren		
das Blei	der Stift		

Übung 7b

Verbinden Sie Bestimmungswörter und Grundwörter zu Wortzusammensetzungen, sodass kein Wort übrig bleibt.

Bestimmungswort	Grundwort	Wortzusammensetzung
1 das Ballett	A) bleich	1 N) der Balletttänzer
2 bloss	B) fähig	
3 das Eis	C) holen	
4 das Haupt	D) kalt	
5 lau	E) der Kampf	
6 neben	F) die Karte	
7 die Ruhe	G) die Kosten	
8 der Scheck	H) lachen	
9 der Schlaf	I) nehmen	
10 der Tod	J) sprechen	
11 tot	K) die Stadt	
12 der Tote	L) die Stätte	
13 wahr	M) stellen	
14 wieder	N) der Tänzer	
15 wider	O) wandeln	
16 die Zahlung	P) warm	

Vorsilben (Präfixe) und Nachsilben (Suffixe) werden zur Wortbildung benötigt, kommen aber nicht selbstständig vor.

Vorsilben: ab-, an-, dis-, er-, in-, miss-, un-, ur-, ver-, zer- etc.

Nachsilben: -al, -ar, -bar, -chen, -heit, -ig, -isch, -ler, -lich, -tum etc.

Theorie 8

Wie werden Wörter durch Ableitungen gebildet?

1 | Durch Hinzufügen von Vorsilben, Nachsilben oder Endungen: Die Wörter «Beschreibung» und «abschreiben» haben einen gemeinsamen Stamm: «schreib». Aus diesem Stamm können verschiedene, miteinander verwandte Wörter gebildet werden:

Vorsilben	Stamm	Nachsilben	Endung
ab-, an-, ein-, auf-, ver-, be-	schreib	-bar, -ung	-en

Endungen erfüllen eine grammatische Aufgabe; sie sagen z.B. aus, in welcher Konjugationsform ein Verb steht: trink**en**; ich trink**e**; du trink**st**

Nomen: Beschreibung, ...

Verb: abschreiben, ...

Adjektiv: beschreibbar, ...

2 | Durch Änderungen im Wortinnern:

Beispiele

Brand – brennen (Ablaut)	Haar – Härchen (Umlaut)
Guss – giessen (Ablaut)	hart – härten (Umlaut)

Eine Kombination von 1 und 2 ist möglich:

Beispiele

Lob – löblich	Nachsilbe + Änderung im Wortinnern
Auge – beäugen	Vorsilbe + Endung + Änderung im Wortinnern
tropfen – tröpfeln	Änderung im Wortinnern + Nachsilbe

Übung 8

Bilden Sie Wortfamilien, indem Sie die Tabelle vervollständigen.
Es sind nicht überall Lösungen möglich.

Verb	Nomen: Sache	Nomen: Person	Adjektiv
lehren	Lehre/Belehrung	Lehrer/Lehrerin	gelehrig (lehrend/gelehrt)
angreifen	Angriff	Angreifer	angriffig, angriffslustig (angreifend/angegriffen)
	Hilfe		
schulden			
			publik
	Haus		
			gerecht
betrügen			
	Spende		
		Akteur	
			schweigsam

Wörter, die aus dem gleichen Stamm entstanden sind, bilden zusammen eine Wortfamilie:

gehen – Gang – vergänglich

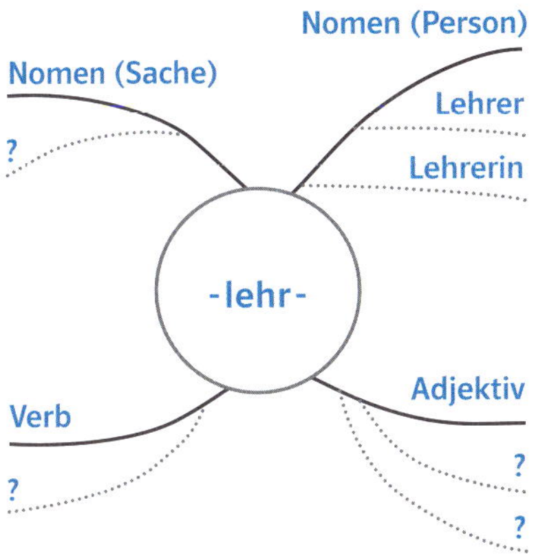

Theorie 9

Welche fremdsprachlichen Vorsilben sollte ich kennen?

Vorsilbe:	Bedeutung:	Vorsilbe:	Bedeutung:
Anti-	gegen	**Mega-**	sehr gross, eine Million Mal
Auto-	selbst, ohne fremde Wirkung	**Neo-**	neu
Hyper-	über, über ... hinaus	**Pseudo-**	scheinbar, unecht
Makro-	gross	**Sub-**	unterhalb
Mikro-	klein	**Ultra-**	über ... hinaus

Übung 9

Nennen Sie, wenn nötig mit Hilfe des Dudens, für jede der oben genannten Vorsilben ein Wortbeispiel und erklären Sie die Bedeutung des Wortes.

Beispiel

Vorsilbe:	Wort:	Bedeutung:
Anti-	Antibiotikum	biologischer Wirkstoff gegen Krankheitserreger

Test

Davon geht die Welt nicht unter

Walzerlied aus dem Film «Die grosse Liebe», 1942

Zarah Leander

1. Strophe
Wenn mal mein Herz unglücklich liebt,
ist es vor Kummer unsagbar betrübt.
Dann denk ich immer: Ach, alles ist aus, ich bin so allein.
Wo ist ein Mensch, der mich versteht,
So hab ich manchmal voll Sehnsucht gefleht.
Ja, aber dann gewöhnt' ich mich dran und sah es ein:

Refrain
Davon geht die Welt nicht unter,
sieht man sie manchmal auch grau.
Einmal wird sie wieder bunter,
einmal wird sie wieder himmelblau!
Gehts mal drüber und mal drunter,
wenn uns der Schädel auch raucht,
davon geht die Welt nicht unter,
die wird ja noch gebraucht!

Aus: Puppchen, du bist mein Augenstern

Kommentar
Dieses von Zarah Leander gesungene Lied ist nur vordergründig ein harmloser Schlager. Es wurde 1942 produziert, im Zweiten Weltkrieg, als der Russland-Feldzug der deutschen Wehrmacht zu scheitern begann. Propagandaminister Goebbels schrieb in sein Tagebuch: «Die gute Laune muss erhalten bleiben. Ein Krieg von diesen Ausmassen kann nur mit Optimismus gewonnen werden.»
Und so bestellte er alle Komponisten von Rang und trug ihnen auf, zu Hitlers Geburtstag einen optimistischen Schlager zu schreiben. Vor diesem Hintergrund erscheint der Liedtext als blanker Zynismus[1].

[1] Eine Äusserung, welche auf grausame Weise spöttisch und gefühllos ist.

1 Ordnen Sie die Wörter aus dem Refrain den fünf Wortarten zu:
1 Verb, 2 Nomen, 3 Adjektiv, 4 Pronomen, 5 Partikel.
1 Punkt Abzug pro Fehler (11 Punkte)

Nr. 1 ....

2 Schreiben Sie sechs Wortzusammensetzungen aus dem gesamten Text heraus.
1 Punkt pro Wortzusammensetzung (6 Punkte)

Nr. 2 ....

Walzerlied / ....

....

....

3 Umkreisen Sie in der ersten Strophe insgesamt acht Vor- und Nachsilben.
1 Punkt pro richtige Umkreisung (8 Punkte)

Nr. 3 ....

4 Bilden Sie Wortfamilien, abgeleitet von: Kummer, verstehen, gewöhnen.
1 Punkt pro Wort (6 Punkte)

Nr. 4 ....

Verb	Nomen: Sache	Nomen: Person	Adjektiv
	Kummer	Kümmerer/Kümmerling	
verstehen		——	
gewöhnen		——	

5 Bilden Sie Wortfamilien zu folgenden Fremdwörtern: produzieren, Optimismus, Komponist.
1 Punkt Abzug pro fehlendes oder falsches Wort (9 Punkte)

Nr. 5 ....

Verb	Nomen: Sache	Nomen: Person	Adjektiv
produzieren			
	Optimismus		
		Komponist	

40 – 32 Punkte ☺ 31 – 24 Punkte 😐 23 – 16 Punkte ☹ 15 – 0 Punkte 😲

Erreichte Punktzahl von maximal 40 Punkten: ....

2 Rechtschreibung

Lernziel: Ich kenne die häufigsten Rechtschreibschwierigkeiten der deutschen Sprache. Ich vermeide Fehler, indem ich einfache Grundregeln anwende, und drücke mich schriftlich korrekt aus.

Grundregeln

Wie steht es um Ihre Rechtschreibkenntnisse? Korrigieren Sie zehn Fehler im folgenden Text.

Vorne beim saufen und beim kiffen

Die Hälfte der 16 jährigen Schweizer Schüler fühlen sich regelmässig mit Alkohol ab. Sie können dem Gruppendruck nicht Stand halten. Ein viertel von ihnen raucht täglich. Und jeder zweite hat schon einmal gekifft. Offenbar können sich junge Schweizerinnen und Schweizer weniger zusammen nehmen als Jugend–liche in anderen Ländern. Dies schreibt ein namhafter Drogenfachmann in einem soeben erschienenen Bericht. Er mahlt ein düsteres Bild der jüngeren Gerneration und meint, der Drogenkonsum könne zu einem der brennensten Probleme überhaupt werden.

Im Text wurden Regeln aus den folgenden Bereichen missachtet:

- Lautprinzip, Stammprinzip und Homonymieprinzip (Theorie 1)

falsch:	fühlen	richtig:	füllen
	mahlt		malt
	brennensten		brennendsten

- Getrennt- und Zusammenschreibung (Theorie 2–5)

falsch:	16 jährigen	richtig:	16-jährigen
	Stand halten		standhalten
	zusammen nehmen		zusammennehmen

- Gross- und Kleinschreibung (Theorie 6–8, Übersicht Seite 138/139)

falsch:	beim saufen/kiffen	richtig:	beim Saufen/Kiffen
	ein viertel		ein Viertel
	jeder zweite		jeder Zweite

Theorie 1

Wie funktionieren Lautprinzip, Stammprinzip und Homonymieprinzip?

«Schreibe, wie du sprichst!»
Nach dem **Lautprinzip** werden die Wörter so geschrieben, wie man sie bei deutlicher und korrekter Aussprache auch spricht.

Beispiele
fühlen (langes ü) – füllen (kurzes ü)
Miete – Mitte; Kehle – Kelle; Haken – Hacke; Kapuze – Matratze; raten – die Ratte

«Schreibe Gleiches möglichst gleich!»
Das **Stammprinzip** sagt aus: Wörter, die zur gleichen Wortfamilie gehören und den gleichen Stamm aufweisen, werden in der Regel auch gleich geschrieben.

Beispiele
brennen**d** – brennen**d**ste
die Asse ➜ das Ass; blau ➜ verbläuen; Lamm ➜ belämmert;
Nummer ➜ nummerieren; Platz ➜ platzieren; tippen ➜ Tipp; säen ➜ säte – gesät

«Schreibe Ungleiches möglichst ungleich!»
Das **Homonymieprinzip** besagt: Gleich lautende Wörter, die eine unterschiedliche Bedeutung haben, werden in der Schreibweise unterschieden.

Beispiele
mahlen – malen: Korn mahlen – ein Bild malen
die Wende – die Wände; wieder – wider; dass – das; Miene – Mine; Lid – Lied;
lehren – leeren; Wal – Wahl; seelisch – selig

Homonym:
gleich lautend, aber in der Bedeutung verschieden: Schloss (Gebäude) – Schloss (Verschluss)

Synonym:
verschieden lautend, aber mit ähnlicher Bedeutung: Zug – Eisenbahn

Antonym:
Wort mit gegensätzlicher Bedeutung: gesund – krank

Merken Sie sich die folgenden Schreibweisen:
- **wieder** (noch einmal): wiederholen, Wiedervereinigung
- **wider** (gegen): widersprechen, widerspiegeln, widerlegen
- **tot** (Adjektiv) in Verbindung mit Verben: totschweigen, totschlagen, totkriegen
- **Tod** (Nomen) in Verbindung mit Adjektiven: todmüde, todkrank, todblass
- **das** (Pronomen): Das ist das Haus, das er geerbt hat.
- **dass** (Konjunktion): Wir freuen uns, dass er ein Haus geerbt hat.

«Das» oder «dass»?
Nach Komma kann «das» durch «welches» ersetzt werden:
Dies ist ein Fach, das (welches) ihm gefällt.

Übung 1a

Erklären Sie den Unterschied, indem Sie ein Beispiel geben oder zeichnen.

der Haken	Ein Kleid am Haken aufhängen 	die Hacke	Mit der Hacke die Erde lockern 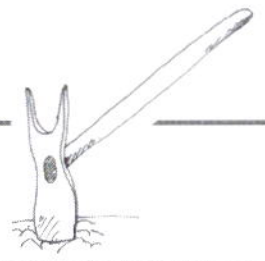
das Aas		das Ass	
säen		sehen	
die Miene		die Mine	
das Lid		das Lied	
lehren		leeren	
seelisch		selig	

Übung 1b

Setzen Sie die korrekte Schreibweise ein.

1 | **(das/dass)** Sie konnte nicht glauben, ... Ölbild, für .... sie ihre gesamten Ersparnisse geopfert hatte, gefälscht war. .... vermeintliche Kunstwerk, auf .... sie in einem Antiquariat gestossen war, hatte ihr so gefallen, ... sie ohne zu zögern ihr Sparkonto plünderte. .... wird ihr wohl eine Lehre sein.

2 | **(wieder/wider)** Deine schlechten Noten ....spiegeln nur deine Arbeitshaltung. Wenn du den Lernstoff zu Hause ....holen würdest, hättest du weniger Mühe.

3 | **(wieder/wider)** Auf ein ....sehen mit diesem ....lichen Kerl kann ich gut verzichten. Er muss mir immer ....sprechen, was mich ....um zum ....stand reizt.

4 | **(tot/tod)** Als der ....geglaubte den Saal betrat, herrschte ....stille. Alle Anwesenden waren ....blass und fühlten sich ....krank. Diese Sätze zu lesen, macht einen ....sicher ....müde.

Übung 1c

Ergänzen Sie mit den korrekten Buchstaben.

1. Der Vorsitzende, der um seine W..........derwahl (i/ie) kämpfte, versuchte die Behauptungen seines W..........dersachers (i/ie) zu w..........derlegen (i/ie). Der w..........derum (i/ie) w..........dersprach (i/ie) ihm heftig. 2. Diese Violinistin, welche die S..........ten (ai/ei) ihrer Violine wie keine andere zum Klingen bringt, ist als W..........se (ai/ei) aufgewachsen. Viele behaupten, die Art und W..........se (ai/ei) ihres Spiels zeige die geheimnisvolle S..........te (ai/ei) ihrer Persönlichkeit. 3. Seine Arbeit verrichtet er unentgel..........lich (d/t). Er nimmt zwar nie Gel.......... (d/t) an, aber manchm..........l (a/ah) bereiten wir für ihn ein einfaches M..........l (a/ah). 4. Dieser verb..........rte (o/oh) Einzelgänger wurde schon als Sonderling geb..........ren (o/oh), sein N..........me (a/ah) kommt mir n..........mlich (ä/äh) von früher her bekannt vor. 5. Von der Trib..........ne (ü/üh) aus, auf der man uns pla..........iert (z/tz) hatte, erblickten wir die B..........ne (ü/üh) gar nicht. Wenn wir uns doch nur nu..........erierte (m/mm) Plä..........e (z/tz) geleistet hätten! 6. Als die Gäste da.......... (s/ss) Wohnzimmer verliessen, da.......... (s/ss) Hanna gerade frisch gereinigt hatte, bemerkte sie, da.......... (s/ss) der neue Teppich mit Fu..........puren (ss/sss) übers..........t (ä/äh) war. 7. Buster Keaton, den Stummfilmstar mit dem to..........ernsten (d/t) Gesicht, fanden wir schlicht zum To..........lachen (d/t). Auch wenn er auf eine Goldm..........ne (i/ie) gestossen wäre, hätte er keine M..........ne (i/ie) verzogen. 8. Mir ....iel (f/v) auf, da.......... (s/ss) da.......... (s/ss) Gespräch mit Jürg sehr unerg..........big (i/ie) war. Es g..........bt (i/ie) nicht ....iel (f/v) darüber zu erzählen. 9. Der s..........lische (e/ee) Zustand der To..........geglaubten (d/t) war verh..........rend (e/ee). Ihre Verwan..........en (dt/t) und Bekann..........en (dt/t) hingegen waren s..........lig (e/ee), sie w..........der (i/ie) in die Arme schliessen zu können.

Getrennt- und Zusammenschreibung

Theorie 2

Lernziel: Ich kenne den Unterschied zwischen einer Wortgruppe und einer Wortzusammensetzung. Ich setze den Bindestrich sinnvoll ein und trenne Wörter am Zeilenende korrekt.

Was ist eine Wortgruppe? Was ist eine Wortzusammensetzung?

Wortgruppen werden getrennt geschrieben. Die einzelnen Wörter sind selbstständig, auch wenn sie inhaltlich zusammengehören.

Verb + Verb: fallen lassen, kennen lernen, spazieren gehen, sitzen bleiben

Nomen + Verb: Rad fahren, Auto fahren, Schlange stehen, Angst machen

Adjektiv + Verb: kalt werden, ruhig bleiben, böse sein, zu spät kommen

Bei Verwendung als Nomen:
das Spazierengehen, beim Autofahren, das Dasein

Wortzusammensetzungen werden zusammengeschrieben. Die einzelnen Wörter sind zu einem neuen Begriff verschmolzen.

Präposition + Verb: auffallen, abnehmen, entgegentreten, widerstreben

Adverb + Verb: hineingehen, herbeieilen, hin- und herschwanken

Als Wortzusammensetzungen gelten auch Verbindungen von Nomen und Verben, wenn das Nomen nicht mehr als selbstständiges Wort wahrgenommen wird:

Verblasstes Nomen + Verb: eislaufen, kopfstehen, leidtun, nottun

Weitere Beispiele

irre:	irregehen, irreführen
heim:	heimgehen, heimkehren
preis:	preisgeben
stand:	standhalten
statt:	stattfinden, stattgeben
teil:	teilhaben, teilnehmen
wett:	wettmachen
wunder:	wundernehmen

Hier sind beide Schreibungen korrekt:
achtgeben / Acht geben; masshalten / Mass halten; haltmachen / Halt machen

Übung 2a

Verb + Verb

Bilden Sie passende Kombinationen. Alle werden getrennt geschrieben. Die Verben unter a) bis f) können mehrmals verwendet werden.

einkaufen	a	a)	gehen
spazieren	....	b)	werden
schreiben	....	c)	lernen
kennen	....	d)	bleiben
sitzen	....	e)	nehmen
getrennt	....	f)	schreiben
gefangen	....		
rasend	....		
verloren	....		

Übung 2b

Nomen + Verb

Bilden Sie die korrekte Konjugationsform und den Infinitiv. Nehmen Sie im Zweifelsfall den Duden zu Hilfe.

Ski + laufen	ich laufe Ski	Ski laufen
Hand + haben	ich handhabe	handhaben
Karten + spielen		
Seil + tanzen		
Berg + steigen		
Bauch + reden		
Angst + haben		
Feuer + fangen		
Pleite + gehen		
Fussball + spielen		
Stand + halten		
Teil + nehmen		

Übung 2c

Zusammensetzungen mit Präpositionen und Adverbien

Bilden Sie mit den folgenden Präpositionen und Adverbien Wortzusammensetzungen, indem Sie ein passendes Verb hinzufügen. Kontrollieren Sie Ihre Vorschläge mit Hilfe des Dudens.

ab-, an-, auf-, aus-, bei-, durch-, ein-, entgegen-, entlang-, gegen-, gegenüber-, hinter-, mit-, nach-, über-, um-, unter-, vor-, wider-, zu-, zuwider-, zwischen-, hin- und her-, hinauf-, hindurch-, herauf-, herbei-

Beispiele: abhören, ankaufen, ...

Theorie 3

Welche Besonderheiten muss ich mir merken?

Es lohnt sich, die folgenden besonderen Fälle zu lernen, da sie häufig vorkommen.

Als **Wortgruppe** gelten:

Wort + «sein»: auf sein, aus sein, da sein, dabei sein, mutig sein

«wie», «so», «zu» + Partikel oder Adjektiv: wie viel, so viel, wie oft, ebenso viele, umso mehr, zu viel, allzu schwer

Aber: Die Konjunktion «soviel» ist ein Wort: *Soviel ich weiss, wohnt er in Zürich.*

Als **Wortzusammensetzung** gilt:

irgend + ein, etwas, jemand, welche, wo: irgendein, irgendetwas, irgendjemand, irgendwoher

Leider ist der Unterschied zwischen Wortgruppe und Wortzusammensetzung manchmal schwer zu erkennen und logisch kaum zu begründen. Das ist vor allem der Fall, wenn Adjektive und Verben kombiniert werden.
Die folgenden **Tipps** können weiterhelfen:

1 | Wenn die Wörter ihre Bedeutung behalten: **Wortgruppe**

Beispiele
Sie hat während der ganzen Rede *frei gesprochen.*
Lass uns den Champagner *kalt stellen!*
Die Achtjährige kann schon *gut schreiben.*

2 | Wenn eine neue Wortbedeutung entsteht: **Wortzusammensetzung**

Beispiele
Der Angeklagte wurde *freigesprochen* (für unschuldig erklärt).
Die vormals einflussreiche Politikerin wurde *kaltgestellt* (einflusslos gemacht).
Ich werde Ihnen den Betrag *gutschreiben* (als Einzahlung verbuchen).

3 | Wenn sich das Adjektiv erweitern oder steigern lässt: **Wortgruppe**

Beispiele
Sie hat völlig *frei gesprochen* (Erweiterung).
Sie hat freier *gesprochen* als ihr Vorredner (Steigerung).
Sie kann sehr *gut schreiben* (Erweiterung).

4 | Wenn sich das Adjektiv weder erweitern noch steigern lässt:
Wortzusammensetzung

Beispiele

Er hat den ganzen Montag *blaugemacht*.
Nicht möglich: «Er hat ganz blau gemacht»,
«Er hat blauer gemacht».
Wir haben *ferngesehen*.
Nicht möglich: «Wir haben sehr fern gesehen»,
«Wir haben am fernsten gesehen».

5 | Im Duden findet man Wortzusammensetzungen als ein Wort: krankschreiben, richtigstellen, schwarzfahren, wahrsagen etc.

6 | Im Zweifelsfall: Getrenntschreibung!

Übung 3a

Wortgruppen erkennen

Unterstreichen Sie Wortgruppen mit erweiterbaren Adjektiven.

1. Diese Geschichte soll sich in einem schwach bevölkerten Teil Schottlands zugetragen haben. 2. Sie ist ernst gemeint, aber etwas schwer verdaulich. 3. Im dicht wallenden Nebel fahren zwei schlecht gelaunte Schotten in entgegengesetzter Richtung heimwärts. 4. Ohne Licht am Auto, wegen der viel zitierten Sparsamkeit natürlich. 5. Um besser sehen zu können, strecken beide ihren Kopf zum offen stehenden Fenster hinaus in den eisig wehenden Wind. 6. Als sie aneinander vorbeifahren, stossen ihre hoch gereckten Köpfe zusammen und die beiden Schotten sind auf der Stelle tot. 7. Ihre Verwandten wollen die Todesfälle erst aus Scham geheim halten. 8. Schliesslich taucht ein Reporter einer grossen Tageszeitung auf, der es mit der Wahrheit genau nimmt und die Geschichte bekannt macht.

Nach: Rolf Wilhelm Brednich: Die Maus im Jumbo-Jet

Übung 3b

Wortgruppe oder Wortzusammensetzung?

Unterstreichen Sie die korrekte Schreibweise.

1. Ein Schweizer Urlauber bereiste das dünn besiedelte / dünnbesiedelte Australien. 2. Der Tourist war schon eine Weile am Auto Fahren / Autofahren, als ihm ein Känguru vor die Kühlerhaube lief. 3. Es wurde weg geschleudert / weggeschleudert. 4. Der Schweizer, der sich mit der Situation auseinander setzte / auseinandersetzte, war der Meinung, er habe das Tier sicherlich tot gefahren / totgefahren. 5. Wie er den Fall nun Hand haben / handhaben sollte, war ihm lange ein Rätsel. 6. Schliesslich sagte er sich, er müsse keine Angst haben / angsthaben, es sei üblich, nach solchen Unfällen, die übrigens hier wer weiss wie viele / wieviele Male vorkämen, das Tier einfach liegen zu lassen / liegenzulassen. 7. Als er eine Weile vor dem Tier sitzen geblieben / sitzengeblieben war, fing er auf einmal Feuer für eine / lustig gemeinte / lustiggemeinte Idee: 8. Er zog dem Tier seine Jacke über, um ein Erinnerungsfoto zu schiessen, das er zu Hause seinen Karten spielenden / kartenspielenden Freunden zeigen wollte / zeigenwollte. 9. Als er jedoch das Känguru in der Jacke aufrecht hielt / aufrechthielt und es an einen Baum lehnte, erwachte das bewusstlose Tier und sprang in riesigen Sätzen davon. 10. Der Schweizer, der doch nur hatte witzig sein / witzigsein wollen, verlor mit der Jacke sämtliche Ausweise, Kreditkarten, Flugtickets und ... die Autoschlüssel.

Nach: Rolf Wilhelm Brednich: Die Maus im Jumbo-Jet

Theorie 4

Wann verwende ich den Bindestrich?

In einigen speziellen Fällen werden Wortzusammensetzungen mit Bindestrich gebildet.

Beispiele

Einzelbuchstabe + Wort:	T-Shirt, A-Dur, x-beliebig
Abkürzung + Wort:	U-Boot, UV-Strahlung, Fussball-WM
Ziffer + Wort:	16-jährig, 3-Zimmer-Wohnung, 250-Jahr-Feier
lange Wortzusammensetzungen:	Weltmeisterschafts-Qualifikationsrunde
aneinandergereihte Wörter:	das Hand-in-Hand-Gehen
Zusammensetzungen mit Fachfremdwörtern:	Viren-Patch, Consulting-Unternehmen

Übung 4a

1 | Schreiben Sie die folgenden Wörter als Wort-Zahl-Kombinationen.

anderthalbzeilig	1 1/2-zeilig
vierundzwanzigstündig	....
dreisilbig	....
Dreivierteltakt	....
siebzehnmal	....
neunundneunzigprozentig	....

2 | Setzen Sie die Bindestriche ein.

Der 6 jährige Abc Schütze sitzt nach dem 5:2 Sieg
seiner Lieblingsmannschaft in der VIP Lounge.
Das Auf die lange Bank Schieben der LAP Vorbereitung
ist schädlich, vor allem wenn man sich, statt zu arbeiten,
im T Shirt der UV Strahlung aussetzt.

Übung 4b

Alle Schwierigkeiten

Kennzeichnen Sie die Wortzwischenräume
mit Schrägstrichen. Notieren Sie spezielle Schreibweisen am Rand.

WassollenwirhierdieZeittotschlagenundfernsehen?
Wollenwirheutenichteinfacheinmalblaumachen?
WennwirrechtzeitigheimkehrenundvordemMittagessendasind,
könnenwirdeineElternohneWeiteresirreführen.
Schliesslichhabenwirdasschonxmalsogemacht.
IchziehmirnurrascheinneuesTShirtan.
Wirwerdenzusammenfrühstückenunddannbadengehen.
AnschliessendmöchteichRadfahren
undeinKopfanKopfRennenveranstalten.
IchwillaufjedenFallnichtdenganzenVormittaghiersein.
DeineElternsollenselberaufihre4ZimmerWohnungaufpassen.

Theorie 5

Nach welchen Grundsätzen werden Wörter am Zeilenende getrennt?

Um beim Schreiben die Zeilenlänge ganz auszunützen, können Wörter getrennt werden. In der Regel wird zurückhaltend getrennt, um einen Text so leicht lesbar wie möglich zu gestalten. Merken Sie sich die zwei folgenden **Grundsätze:**

> Zusammengesetzte Wörter möglichst in Einzelwörter zerlegen oder nach der Vorsilbe trennen.

Beispiele

Trennung in Einzelwörter: Auto-sitz; Haus-tür, Rotwein-glas
Trennung nach Vorsilbe: Ver-band, Aus-zeit; ultra-konservativ

> Wörter nach den Silben trennen, die sich beim langsamen Sprechen ergeben. Stehen mehrere Konsonanten hintereinander, dann kommt der letzte auf die neue Zeile.

Beispiele

Sie ist die Bes-te im Fach Deutsch. Sie ist ei-ne Träu-me-rin, die sich zum Le-sen ein-fach ir-gend-wo hin-ho-cken kann und in ih-rem Buch re-gel-recht ver-sinkt. Er je-doch ist ein Re-a-list, der am liebs-ten mit Zir-kel und Mass-stab ar-bei-tet. Trotz-dem: Die bei-den pas-sen aus-ge-zeich-net zu-sam-men.

Nun noch zwei wichtige **Spezialfälle**:

> Fremdwörter können wie deutsche Wörter getrennt werden. Konsultieren Sie im Zweifelsfall den Duden.

Beispiele

mo-ra-lisch, funk-ti-o-nal, Al-ko-pops

> Buchstabenverbindungen, die für *einen* Konsonanten stehen, werden nicht getrennt: ck, ch, sch. In Fremdwörtern zudem: ph, rh, sh, th.

Beispiele

Zu-cker, ma-chen, Wä-sche
Pro-phet, Myr-rhe, fa-shion, ka-tho-lisch

Übung 5a

Trennen Sie die Wörter an allen Stellen, wo eine Trennung möglich ist.

Was bedeutet die Redewendung «Das passt wie die Faust aufs Auge»?

Die Redewendung «Das passt wie die Faust aufs Auge» ist ein klassisches Beispiel für die Wandlungsfähigkeit der deutschen Sprache. Mit dem Vergleich wurde ursprünglich ausgedrückt, dass etwas überhaupt nicht zu etwas passt.

Faust und Auge passen nicht zusammen, weil es höchst unangenehm ist, einen Faustschlag aufs Auge zu bekommen. Als einen solchen Faustschlag könnte zum Beispiel der modebewusste Mensch unpassende Kleider- und Farbkombinationen empfinden: «Roter Rock zu orangefarbener Bluse – das passt wie die Faust aufs Auge!» So die ursprüngliche Bedeutung, wie Sie sie kennen gelernt haben.

Durch häufigen ironischen Gebrauch entwickelte sich aber eine zweite, und zwar genau gegenteilige Bedeutung: Etwas passt sehr gut, ganz genau zueinander. Diese zweite Deutung ist heute die geläufigere, auch wenn die ursprüngliche nach wie vor gültig ist. Im Zweifelsfall erschliesst sich die passende Deutung aus dem Zusammenhang.

Nach: Fragen an den Zwiebelfisch: Spiegel

Übung 5b

Das Trennprogramm hat Ihnen die folgenden unschönen oder unkorrekten Trennungen vorgeschlagen. Verbessern Sie.

Bo-brennen; Diä-teis; Lesesch-wäche; Krokan-teier; Sucher-gebnis;

en-trollen; best-rafen; Urin-stinkt; Sau-berkeit; bein-halten;

Tramper-sonal; Autoren-nen; beste-hende; Tee-nager

Lernziel: Ich weiss, aus welchen Gründen ich Grossbuchstaben setzen muss.

Gross- und Kleinschreibung

Theorie 6

Warum werden Wörter grossgeschrieben?

Die Kleinbuchstaben sind neutral – sie bilden den Normalfall. Deshalb muss die Kleinschreibung nicht besonders geregelt werden. Die Grossbuchstaben heben sich von den neutralen Kleinbuchstaben ab. Es gibt verschiedene Gründe, warum Grossbuchstaben gesetzt werden:

Grossgeschrieben werden ...	... aus folgenden Gründen
das erste Wort eines Satzes:	um den Aufbau eines Textes zu verdeutlichen
Nomen und Nominalisierungen:	um die grammatische Struktur zu verdeutlichen
Namen und die Höflichkeitsform «Sie» mit den Ableitungen «Ihnen», «Ihre» usw.:	um den Inhalt eines Textes zu verdeutlichen

Übung 6

Unterstreichen Sie alle grosszuschreibenden Anfangsbuchstaben.

kennen sie trabi-witze?

ein trabi-fahrer hält an einer tankstelle und sagt zum tankwart: «ich hätte von ihnen gern für meinen trabi zwei neue scheibenwischerblätter.» der tankwart geht um den trabi herum, überlegt und sagt nach kurzem zögern: «gut, das ist ein fairer tausch.»

ein trabi parkt auf einer wiese, daneben sitzt ein junges paar im gras. auf einmal kommt der bauer und sagt: «verschwinden sie, hier ist kein platz zum picknicken!» die beiden setzen sich hastig in ihr auto und wollen davonfahren. doch der trabi bewegt sich immer nur im kreis herum. da klopft der bauer an die scheibe und ruft: «sie haben einen grashalm in der türe eingeklemmt!»

der trabi ist ein fahrzeug aus der ehemaligen ddr. «trabi» ist ein kürzel für trabant.

Nominalisierung

Eine andere Wortart (Verb, Adjektiv, Pronomen oder Partikel) wird als Nomen verwendet:

das Reden = Nominalisierung des Verbs *reden*

Eine ausführliche Übersicht zur Gross- und Kleinschreibung mit Beispielen befindet sich auf Seite 138/139.

Theorie 7

Welche Wortarten werden gross-, welche kleingeschrieben?

Grundsätzlich können alle Wortarten zu Nomen werden. Nominalisierte Pronomen und Partikeln sind eher selten, nominalisierte Verben und Adjektive hingegen kommen oft vor. Andererseits ist es auch möglich, dass Nomen zu Adjektiven oder zu Partikeln und damit kleingeschrieben werden.

Grossgeschrieben werden ...	Kleingeschrieben werden ...
Nomen	Verben, Adjektive, Pronomen und Partikeln
als Nomen verwendete Verben, Adjektive, Pronomen und Partikeln (Nominalisierungen) Beispiele: Verb ➜ Nomen: eine Frau zum **Verlieben** Adjektiv ➜ Nomen: etwas **Geheimnisvolles** Pronomen ➜ Nomen: vor dem **Nichts** stehen Partikel ➜ Nomen: ein ewiges **Auf** und **Ab**	als Adjektive oder Partikeln verwendete Nomen Beispiele: Nomen ➜ Adjektiv: Ihm wurde **angst** und **bange**, aber niemand war **schuld**. Nomen ➜ Partikel (Präposition): Sie macht **dank** ihrer tadellosen Arbeit rasch Karriere. Nomen ➜ Partikel (Adverb): Er arbeitete **anfangs** nur **morgens**.

Merken Sie sich besonders die folgenden, von Nomen abgeleiteten Adjektive und Partikeln:

Nicht als Nomen gelten:	Beispiele:	Nicht verwechseln mit:
Die Wörter *angst, ernst, leid, pleite, recht, schuld* und *wert* in Verbindung mit *sein, bleiben* und *werden* gelten als Adjektive.	angst und bange sein; ernst werden; leid sein; pleite sein; schuld sein; wert sein; ernst nehmen	Angst haben; im Ernst sprechen; sein Leid klagen; pleitegehen; leidtun; Schuld haben; den Wert kennen
Die Wörter *dank, kraft, laut, statt, trotz, seitens, angesichts, namens, um ... willen* gelten als Präpositionen.	dank seiner Grosszügigkeit; laut dieser Mitteilung; angesichts der Misserfolge; namens des Vorstands	Mit herzlichem Dank; keinen Laut von sich geben; von Angesicht zu Angesicht; in Gottes Namen
Wörter wie *gestern, heute, morgen, morgens, mittags, abends, tags, nachts, montags, sonntags, anfangs* gelten als Adverbien.	gestern früh; sonntagabends; mittags geöffnet; anfangs heiter, abends regnerisch	der Morgen; guten Morgen; heute Morgen; gegen Abend; gestern Mittag; jeden Montagnachmittag; am Anfang

Übung 7a

Kennzeichnen Sie Nomen und nominalisierte andere Wortarten mit zwei verschiedenen Farben.

Letzten Monat begann ihr Englischaufenthalt. Sie hatte davor lange Angst gehabt und allen ihr Leid geklagt. Dann hatte sie begonnen, nach langem Hin und Her im Verborgenen Englisch zu lernen. Sie besuchte auch den Kurs «Englisch für Jung und Alt», den sie als Beste abschloss. Der Kursleiter meinte, er habe etwas Derartiges noch nie erlebt. Vor ihrer Abreise musste sie noch Verschiedenes erledigen. Man konnte sie beim Einkaufen in einer teuren Boutique beobachten, beim Anprobieren von teuren englischen Kostümen. Sie wollte einfach sicher sein, dass sie für ihr Abenteuer aufs Beste gerüstet war.

Übung 7b

Kennzeichnen Sie alle Adjektive und Partikeln, die nicht mehr als Nomen gelten.

Ursprünglich war ihr angst und bange vor ihrem Englandaufenthalt. Allerdings gelang es ihr dank eines Englischkurses, ihre Befürchtungen zu überwinden. Der Kurs fand abends statt, sodass sie tags weiterhin arbeiten konnte. Da sie es leid war, sich wegen ihres schlechten Englisch zu schämen, gab sie sich schon anfangs grosse Mühe. Auch mittags, wenn die anderen Pause machten, arbeitete sie trotz grossen Hungers. Auf keinen Fall wollte sie an einem Misserfolg selber schuld sein.

Theorie 8

Wie erkenne ich nominalisierte Verben, Adjektive, Pronomen und Partikeln?

Die folgenden zwei Hinweise helfen Ihnen, nominalisierte Wörter zu erkennen:

> Einem Nomen können so genannte Begleiter (Pronomen) zugeordnet werden.

Beispiele

das, **ein**, **sein**, **dieses**, **welches**, **zum** (zu dem) Haus; **einige**, **manche** Häuser

Dies ist häufig auch bei Nominalisierungen der Fall:

Beispiele

Probierpackung **zum** Kennenlernen. **Sein** Lügen stört mich **im** Allgemeinen nicht. Er setzt sich für **ein** vorläufiges Zuwarten ein. **Ihr** Ja war deutlich zu hören. Sie hat **das** gewisse Etwas. **Alles** Übrige erfahren Sie später.

Manchmal ist der Begleiter auch nur gedacht:

Beispiel

Versuchs doch mit (**einem**) Lachen.

> Die Frage «was?» deutet auf ein nominalisiertes Adjektiv hin – das heisst auf ein Nomen und deshalb auf Grossschreibung. Die Frage «wie?» deutet auf ein Adjektiv hin – also auf Kleinschreibung.

Beispiele

Grossschreibung: Sie drückt sich fliessend in (was?) Arabisch und in Hebräisch aus. Die Ampel steht auf (was?) Grün. Rot passt nicht zu (was?) Orange. Er sagt das im (in was?) Ernst.
Kleinschreibung: Hier wird (wie?) deutsch gesprochen. Er ist total (wie?) blau. Es ist mir (wie?) ernst.

Übung 8a

Begründen Sie, warum die unterstrichenen Wörter gross- bzw. kleingeschrieben sind.

(1): Beim (bei + dem) = Begleiter

Beim Beschreiben (1) der Köstlichkeiten, die sie gegessen hatte, geriet sie ins Schwärmen (2). Das ganze Drum und Dran (3), die spanisch (4) sprechenden Kellner, die in Rot (5) gehaltene Einrichtung fand sie einfach zum Staunen (6). Nur mit dem Lesen (7) der Speisekarte, die auf Spanisch (8) verfasst war, hatte sie zu Beginn Mühe gehabt. Trotzdem fand sie im Ernst (9), dies sei das Beste (10), was sie je erlebt habe; sie kenne nichts Vergleichbares (11). Das lag wohl vor allem am Lächeln (12) ihres Begleiters Marc, des begehrtesten (13) aller Junggesellen.

Übung 8b

Unterstreichen Sie die Wörter mit grosszuschreibenden Anfangsbuchstaben.

1. Mein onkel Klaus war ein richtiger stadtmensch. 2. Er war immer auf dem laufenden, wenn es um neue trends ging. 3. Bei ihm gab es kein entweder-oder, er tat sofort alles nötige, um in sachen trends der erste zu sein. 4. Da er immer den letzten schrei nachahmte, bereitete es ihm keine mühe, sich in schlangenlederschuhe zu zwängen oder dänisch zu lernen, wenn es mode war. 5. Er ging immer aufs ganze. 6. Diese eigenschaft hatte sicher ihr gutes, und gross und klein erfreute sich an den veränderungen, die mit Klaus vor sich gingen. 7. Mal war er in schwarz gekleidet, mal rauchte er spezielle russische zigaretten, mal trug er einen selbst gestrickten pullover, dem das gewisse etwas anhaftete. 8. Sein benehmen hatte für uns etwas erheiterndes. 9. Seine frau, tante Olga, hat sich aber vor kurzem von ihm scheiden lassen. 10. Sie fand seinen tick das letzte, ihr ermahnen und jammern hatte nichts genützt. 11. Um sie stand es nicht zum besten. 12. Bevor sie sich zur scheidung entschlossen hatte, war verschiedenes zusammengekommen. 13. Den ausschlag gab aber seine absicht, im freien, und zwar mitten in der stadt, mit gelb gefärbten haaren herumzuspazieren. 14. Dazu trug er ein t-shirt, auf das in englisch üble schimpfwörter gedruckt waren. 15. Olga trennte sich von ihm mit den worten: «Du bist jetzt achtzig und hast nichts gescheiteres im kopf als dies!» 16. Der lachende dritte war Olgas freund, mit dem sie nach langem hin und her zusammenzog.

Gross schreibt man …

... um den Aufbau von Texten zu verdeutlichen:	
das erste Wort eines Satzes oder einer Überschrift	Man vergisst, dass Schlagerstars keine Erfindung der neuesten Zeit sind. Der Schlager «Der Wind hat mir ein Lied erzählt» wurde 1937 von Zarah Leander gesungen.
das erste Wort nach Doppelpunkt – bei direkter Rede – wenn ein ganzer Satz folgt	 – Er fragte: «Wovon handelt dieses Lied?» – Unerfüllte Sehnsucht: Das ist das Thema fast jedes Schlagers.

... aus grammatischen Gründen (Nomen und Nominalisierungen):	
Nomen	Zu dieser Zeit waren exotische und romantische Motive sehr beliebt: Von Nacht und Palmen, von Herz und Seele ist die Rede.
nominalisierte Verben (Infinitive oder Partizipien)	das Rauschen, das Erträumte, mit Jammern und Wehklagen, sein Lärmen, ihr ewiges In-die-Luft-Starren. Alles Sichärgern nützt nichts.
nominalisierte Adjektive – meist weist ein Begleiter auf die Nominalisierung hin – Farb- und Sprachbezeichnungen, welche die Frage «Was?» beantworten – nominalisierte unbestimmte Zahladjektive – nominalisierte Ordinalzahlen – Paarformeln für Personenbezeichnungen	 – zum Besten stehen, alles Gute, manch Interessantes, im Allgemeinen, im Wesentlichen, auf dem Laufenden sein – Das Kleid in Grün. Die Ampel steht auf Rot. Sie antwortet auf Italienisch. – jeder Einzelne, das Ganze, alles Übrige, Verschiedenes – Er meldete sich als Erster. Die Nächste, bitte. Die Ersten werden die Letzten sein. Der lachende Dritte. – Diese Kleidung wird von Jung und Alt getragen. Sie ist beliebt bei Gross und Klein, bei Arm und Reich.
nominalisierte Pronomen – gewisse Pronomen mit Begleiter (selten)	– Wenn man jemandem das Du anbietet, kann man nicht am nächsten Tag zum Sie zurückkehren. Sie hat das gewisse Etwas. Er fiel ins Nichts.
nominalisierte Partikeln – Adverbien – Präpositionen – Konjunktionen – Interjektionen	 – nach langem Hin und Her, im Voraus – ein ewiges Auf und Ab – ohne Wenn und Aber, das Entweder-oder – das Weh und Ach. Sein Ja war nur geflüstert.

... aus inhaltlichen Gründen (Namen und Höflichkeitsgrossschreibung):	
Bestandteile von Namen und Titeln (Firmen, Institutionen, geografische, biologische und historische Namen, Kalendertage)	der Technische Direktor, die Schweizerische Nationalbank, der Finnische Meerbusen, die Schwarze Witwe, Karl der Kühne, Johanna die Wahnsinnige, der Erste Mai, der Heilige Abend
von geografischen Namen abgeleitete Adjektive auf -er	Basler Läckerli, Berner Rosen (sind gleichzeitig Namen), Schweizer Fussballnachwuchs
Höflichkeitsform (Sie)	Haben Sie, Frau Meyer, Ihr Auto schon prüfen lassen? Wir bieten Ihnen einen Top-Service an; Ihretwegen scheuen wir keine Mühe. Melden Sie sich noch heute bei uns!

In allen übrigen Fällen schreibt man klein:

Verben	Er geht einkaufen. Er versucht zu rechnen und beachtet Sonderangebote.
Adjektive besonders zu beachten: – Adjektive in festen Begriffen aus Adjektiv und Nomen, die nicht zu den Namen gerechnet werden – die von Nomen abgeleiteten Adjektive *angst*, *bange*, *leid*, *pleite*, *schuld*, *gram* in Verbindung mit *sein* oder *werden*	 – Man unterscheidet die weisse von der schwarzen Magie. Das schwarze Schaf, die weisse Weste, die silberne Hochzeit – Ihr wird nie angst. Die Bank ist pleite. Ihr seid selber schuld. Bist du mir noch gram?
Pronomen besonders zu beachten: – Anredepronomen (du) (In Briefen ist die Grossschreibung ebenfalls korrekt.) – Indefinitpronomen	 – Wie gehts dir? Wie gehts deiner Gabi? Wir haben uns euretwegen Sorgen gemacht. – jeder, alle, jedermann, keiner, einige; ein paar Franken, ein bisschen Glück
Partikeln besonders zu beachten: – von Nomen abgeleitete Präpositionen – von Nomen abgeleitete Adverbien	 – Er war trotz seiner Gebrechen zeit seines Lebens Richter. Er hat kraft seines Amtes viele Urteile gefällt. Sie waren dank seiner Milde nicht zu streng. – Sie traf ihn anfangs nur tags, aber nie abends.

Aus: Gsteiger/Schweizer: Systematische Übungsgrammatik

Test

pro Fehler ein Punkt Abzug

Nr. 1 ....

1 Verbessern Sie alle Rechtschreibfehler.

1. Nüzt eine Abmagerungskur, also eine Diet, überhaubt etwas? 2. Nein, denn dicke Menschen sind in der Regel dick nicht obwohl, sondern weil sie so fiel fassten. 3. Wer wenig ist, trainiert den Körper, dieses knappe Essen besser auszunutzen, weniger von den Kallorien in der Narung zu verschwenden, kurz, wie die Bauern sagen, das Futer besser zu verwerten. 4. Wen also zwei 1,80 Meter grosse Männer mit jeweils 80 Kilogram Körpergewicht und itentischem Energiebedarf pro Tag das Gleiche essen, kann der eine dadurch dünner und der andere diker werden. 5. Wen der eine vorher lang gefasstet und Diet gehalten hat, wirt sein Körper möglichst alle in der Narung endhaltenen Kallorien verwerten – er nimmt also zu. 6. Der andere, der keine Diet hinter sich hat, verwertet nur einen Teil der Kallorien – er nimmt also ab.

Nach: Krämer/Trenkler: Das Beste aus dem Lexikon der populären Irrtümer

Nr. 2 ....

2 Verbessern Sie die Fehler in der Getrennt- und Zusammenschreibung.

1. Glauben Sie, dass uns nach jedem Blitz der Donner zusammen zucken lässt? 2. Wenn Sie sich leicht irre führenlassen, sollten Sie das Lexikon der populären Irrtümer kennenlernen. 3. Darin erfahren Sie, dass vier von zehn Blitzen lautlos nieder gehen. 4. Wer das Lexikon kennt, lässt sich nicht weis machen, dass das meiste Gold in Goldminen vor kommt. 5. Weitaus am meisten Gold findet sich im Ozean – allerdings kann man es schwerlich seinem Bankkonto gut schreiben. 6. Sollte es Sie wunder nehmen, wie viel Gold in zwei Kubikkilometern Meerwasser enthalten ist: genug, um einen 28Tonner vollzuladen. 7. Bevor wir das Lexikon beiseitelegen, lesen wir noch, dass die lästigfallenden Pickel im Gesicht von Teenagern nicht vom Genuss von Schokolade stammen. 8. Dieser heute noch weitverbreitete Irrtum wurde von Wissenschaftlern widerlegt.

3 Unterstreichen Sie die grosszuschreibenden Anfangsbuchstaben.

Nr. 3 ....

1. da man mit lesen gar nicht aufhören kann, hier noch eine letzte kostprobe aus dem lexikon der populären irrtümer, damit auch sie, verehrte leserin, verehrter leser, auf dem laufenden sind. 2. beenden wir unser stöbern im lexikon dort, wo wir angefangen haben: beim thema essen. 3. ketchup wird weltweit und zu jeder zeit konsumiert: sei es im restaurant eines londoner flughafens oder im nahen osten, sei es werktags oder am heiligen abend. 4. würden sie auch behaupten, die berühmte rote sauce, die den pommes frites das gewisse etwas verleiht und das fade gelb der kartoffelstäbchen mit leuchtendem rot ergänzt, sei eine amerikanische erfindung? 5. diese theorie ist zwar nicht aus dem nichts aufgetaucht, vor allem angesichts des hohen pro-kopf-verbrauchs an ketchup in den usa, aber sie ist kaum zu einem viertel wahr. 6. in wirklichkeit war es ein sohn deutscher einwanderer namens henry john heinz, der die tomatensauce als erster industriell herstellte und als echt amerikanisches produkt vermarktete. 7. ursprünglich aber kam das ke-tsiap im 19. jahrhundert mit chinesischen einwanderern nach amerika. 8. etwas ganz ähnliches, nur mit umgekehrten vorzeichen, ist das folgende: die meisten halten Chopsuey[1] für ein chinesisches gericht; dabei wurde es im 19. jahrhundert in den usa erfunden, als gericht nach chinesischer art. 9. seither vertilgen mit stäbchen essende restaurantbesucher auf der ganzen welt Chopsuey, kochbücher mit dem titel «chinesische küche» enthalten das rezept für das beliebteste der chinesischen gerichte – nur in china ist es unbekannt.

[1] Eine Mischung aus klein geschnittenem Gemüse, Fleisch oder Fisch und Gewürzen

50 – 40 Punkte ☺ 39 – 26 Punkte 😐 25 – 14 Punkte ☹ 13 – 0 Punkte

Erreichte Punktzahl
von maximal 50 Punkten: ....

Lernziel: Ich kann Satzglieder erkennen. Ausserdem weiss ich, dass der konjugierte verbale Teil eine besondere Stellung im Satz hat. Diese Kenntnisse bilden die Grundlage für eine korrekte Zeichensetzung im Teilsatz.

Satzglieder

Theorie 1

Wozu dient die Verschiebeprobe?

Die Verschiebeprobe dient dazu, die Satzglieder zu erkennen. Bei dieser Probe werden die Teile des Satzes umgestellt. Dabei darf sich der Sinn des Satzes nicht grundlegend verändern.

Viele Eltern	kaufen	ihren Kindern	zu viele und zu komplizierte Spielsachen.
Ihren Kindern	kaufen	viele Eltern	zu viele und zu komplizierte Spielsachen.
Zu viele und zu komplizierte Spielsachen	kaufen	viele Eltern	ihren Kindern.

- Die Teile des Satzes, die nur zusammen verschoben werden können, nennt man **Satzglieder**.
- Wie man im Beispiel oben sieht, steht der **konjugierte verbale** Teil in einem Satz stets an zweiter Stelle (ausser im Fragesatz). Dies ist ein besonderes Merkmal der deutschen Sprache.

Übung 1a

Führen Sie die Verschiebeprobe durch und trennen Sie mit senkrechten Strichen die Satzglieder ab. Heben Sie den konjugierten verbalen Teil hervor.

1 | Am Morgen lag Schnee.

2 | Man hätte sich freuen können.

3 | Man hätte Schneehütten oder Schneemänner bauen können.

4 | Die Schneemänner hätte man als Wächter vor das Haus getürmt.

5 | Der Schnee ist tröstlich.

6 | Das ist alles.

7 | Aber er dringt in die Schuhe.

8 | Er blockiert die Autos.

9 | Er bringt Eisenbahnen zum Entgleisen.

10 | Der Schnee macht entlegene Dörfer einsam.

Nach: Peter Bichsel: Erklärung

Übung 1b

Führen Sie die Verschiebeprobe durch und trennen Sie mit senkrechten Strichen die Satzglieder ab. Heben Sie den konjugierten verbalen Teil hervor.

1 | Vieles fällt den Kindern in den ersten Lebensjahren bedeutend leichter.

2 | Kinder lernen oft unbewusst.

3 | Die Umwelt spielt bei der Entwicklung eines Kindes eine wichtige Rolle.

4 | Eltern müssen förderliche Erfahrungen zum rechten Zeitpunkt möglich machen.

5 | Die ersten sechs Jahre sind für die Entwicklung eines Kindes besonders wichtig.

6 | Die grundlegenden Charakter- und Persönlichkeitszüge entwickeln sich in dieser Zeit.

Übung 1c

Formulieren Sie selbst einen Satz mit möglichst vielen Satzgliedern. Führen Sie die Verschiebeprobe durch und geben Sie mindestens drei verschiedene Varianten an. Wer schreibt den Satz mit den meisten Satzgliedern?

....

....

....

das
das nicht
das geht nicht
das geht so nicht
das geht so doch nicht
das geht so doch alles immer nicht
das geht so doch alles immer ganz und gar nicht
das geht so doch alles immer überhaupt ganz und gar nicht
das geht so doch alles immer überhaupt ganz und gar immer wieder nicht
das geht so doch alles immer und überhaupt und ganz und gar und immer wieder nicht.

Uwe Warnke

Erstellen Sie selbst eine «Satzpyramide»!

Infinitiv
Beispiel: *reden,*
Grundform des Verbes mit der Endung -en, nicht konjugiert.

Verbzusatz
Beispiel: *Ich nehme teil,*
«teil» gehört zum Infinitiv «teilnehmen», wird aber in gewissen Formen vom Wortstamm abgetrennt.

Partizip II
Beispiel: *geredet,*
dient zur Bildung zusammengesetzter Zeitformen, Endung -en oder -(e)t, nicht konjugiert.

Theorie 2

Was sind verbale Teile?

Es gibt folgende verbale Teile: konjugierter verbaler Teil, Infinitiv, Verbzusatz, Partizip II. Der konjugierte verbale Teil ist der wichtigste Bestandteil des Satzes.

Beispiele

Ein Kind **sollte** schon von klein auf regelmässige Aufgaben **erhalten**.

↓ = konjugierter verbaler Teil ↓ = Infinitiv (Grundform)

Kinder **legen** in den ersten sechs Jahren Meilen **zurück**.

↓ = konjugierter verbaler Teil ↓ = Verbzusatz des Infinitivs «zurücklegen»

Das Kind **hat** gestern viel zu wenig **geschlafen**.

↓ = konjugierter verbaler Teil ↓ = Partizip II

Übung 2

a | Unterstreichen Sie die konjugierten verbalen Teile.

b | Markieren Sie die Infinitive, Verbzusätze und die Partizipien II mit unterschiedlichen Farben oder Zeichen.

1 | Das Buch von Norbert Herschkowitz über die kindliche Entwicklung zeichnet sich durch Aktualität aus.

2 | In seinem Buch beschreibt der Autor, was wann im Kinderhirn geschieht.

3 | Was ist bei der Geburt schon da, was passiert später?

4 | Welche Netzwerke werden wann im Gehirn geknüpft?

5 | Erfahrung kann diese Netzwerke stärken oder schwächen.

6 | Man soll Kinder nicht überfordern, sondern fördern.

Nach: Giuseppe Wüest: Hirnforscher Norbert Herschkowitz

Theorie 3

Welche Aufgaben hat ein Attribut?

Satzglieder bestehen aus einem oder mehreren Wörtern. Satzglieder aus mehreren Wörtern haben einen Satzgliedkern, der mit Attributen ergänzt ist. Die Attribute bestimmen das Satzglied näher, zu dem sie gehören.

Stellen Sie die Frage «was für ein?» an ein Nomen, um die Attribute zu finden.

Beispiel: Das Kind dort.
Was für ein Kind? – das dort.

Attribute (fett gedruckt):	Form der Attribute:
das / ein / sein / dieses Kind	*das, ein, sein, dieses* = Pronomen
das **kleine** Kind	*kleine* = Adjektiv
das Kind **meines Nachbarn**	Attribut im Genitiv (Frage: Wessen?)
das Kind **dort**	*dort* = Adverb
das Kind **auf dem Fahrrad**	*auf* = Präposition

Attribute gehören immer zu einem Satzglied und sind nur mit diesem zusammen verschiebbar.

Beispiel
Das Kind **auf dem Fahrrad** / singt / **ein fröhliches** Lied. **Ein fröhliches** Lied / singt / **das** Kind **auf dem Fahrrad**.
Falsch: Auf dem Fahrrad / singt / das Kind / ein fröhliches Lied.

Wichtig: Attribute werden **nicht** durch Kommas abgetrennt.

Übung 3a

Trennen Sie durch senkrechte Striche die Satzglieder ab. Unterstreichen Sie die Attribute. Unbestimmte und bestimmte Artikel können Sie der Einfachheit halber weglassen.

1 | Er arbeitet in einer grossen Buchhandlung.
2 | Die Arbeit im Laden macht ihm Spass.
3 | Nur die Ungeduld seiner Chefin erträgt er kaum.
4 | Das Buch hier ist sein Lieblingsbuch.
5 | Er ist ein mit allen Wassern gewaschener Buchhändler.

Übung 3b

Erweitern Sie das Nomen «Buchhandlung» mit verschiedenartigen Attributen:

....

....

....

Lernziel: Ich erkenne das Subjekt eines Satzes und weiss, mit welcher Methode ich den Fall eines Satzgliedes bestimmen kann. So vermeide ich Fallfehler, die zum Teil auf den Gebrauch der Mundarten zurückzuführen sind.

Subjekt und Objekt

Theorie 4

Wie erkennt man ein Subjekt?

Das Subjekt steht immer im Nominativ (Werfall). Man findet es, indem man die folgende Frage an den Satz stellt: Wer oder was tut etwas? Wer oder was ist?
Bei einigen Verben steht das Pronomen «es» als Subjekt, ohne dass dieses Pronomen ein Nomen vertritt: *Es hat geregnet.*

Übung 4a

Ermitteln Sie die Subjekte, indem Sie die Frage «wer oder was?» an den Satz stellen.

1 | Tim telefonierte mit seiner Schwester.

2 | Seine Schwester hatte ihn gestern versetzt.

3 | Auf dem Tisch war ein Dutzend Ferienprospekte ausgebreitet.

4 | Bald würden sie zusammen in den Süden verreisen.

Übung 4b

«Mein Konto wuchs und wuchs»

1 | Zehn Tage lang überwies der Kanton Zürich Millionen auf ein falsches Konto.

2 | Der falsche Empfänger, Herr Kuhn aus Dällikon, wurde das Geld nur mit Mühe wieder los.

3 | Er meldete den Fehler sogleich bei der Finanzverwaltung.

4 | Dort nahm ihn jedoch niemand ernst.

5 | Der Kontostand wurde höher und höher.

6 | Mitte Juli waren es 5,5 Millionen.

7 | Seit vorgestern Montag ist der Kontostand wieder auf der gewohnten Höhe.

8 | Auch die Zinsen darf Herr Kuhn nicht behalten.

Nach: Susanna Ellner: Mein Konto wuchs und wuchs

Theorie 5

Was sind Objekte und wie erkennt man sie?

Ein Objekt ist ein Satzglied, dessen Fall von einem Verb oder von einem Adjektiv bestimmt wird. Um den Fall eines Satzgliedes zu bestimmen, wendet man die **Frageprobe** an. Dabei wird an die Stelle des Satzgliedes die passende Form des Fragepronomens «wer» eingesetzt (wer, wen, wem, wessen).

Fall	Beispiel	Frageprobe
Nominativ (Werfall)	**Eine junge Frau** lachte. **Ein junger Mann** lachte.	**Wer oder was** lachte? – Eine junge Frau. (Subjekt!)
Genitiv (Wesfall)	Sie bedurfte **einer Ärztin**. Sie bedurfte **eines Arztes**.	**Wessen** bedurfte sie? – Einer Ärztin.
Dativ (Wemfall)	Laura half **einer Freundin**. Laura half **einem Freund**.	**Wem** half Laura? – Einer Freundin.
Akkusativ (Wenfall)	Sie trank **eine Cola**. Sie trank **einen Liter Milch**.	**Wen oder was** trank sie? – Eine Cola.
mit Präposition	Angela dachte **an ihren Exfreund**.	Das Satzglied wird mit einer Präposition wie **auf, bei, mit, an, vor** usw. eingeleitet. (**An** wen dachte Angela? – **An** ihren Exfreund = präpositionales Objekt im Akkusativ)

Übung 5a

Üben Sie an den folgenden Sätzen die Frageprobe und bestimmen Sie den Fall der fett gedruckten Satzglieder.

	Frageprobe	Fall
Beispiel: Er stellte **den Kindern** Fragen.	Wem stellte er Fragen?	Dativ
Dienstagnachmittag um halb vier Uhr legte er **der Sekretärin**		
die Papiere auf den Tisch,		
nahm **das Jackett** vom Bügel,		
zog **es** an,		
stieg **in den Fahrstuhl**, der sich um sechs Etagen senkte,		
durchquerte **die Halle** und stieg in den Wagen. Er fuhr los.		
In den äusseren Vierteln liess sich **der Nachmittag** Zeit.		
Er hielt **den Wagen** vor der Schule.		
Er hupte **den Zwillingen** zu.		
Sie würdigten ihn **keines Blickes**.		

Nach: Lukas Bärfuss: Der Schlüssel

Übung 5b

Bestimmen Sie mit Hilfe der Frageprobe den Fall der fett gedruckten Satzglieder und setzen Sie die fehlenden Endungen ein. Geben Sie anschliessend die Bedeutung der Redewendungen an.

1 | Er hat ihm **ein**.......... **Bär**.......... aufgebunden.

Fall: ....

Bedeutung: ....

2 | Er kommt auf **kein**.......... **grün**.......... **Zweig**.

Fall: ....

Bedeutung: ....

3 | Er bietet **Herr**.......... **Stöckli** die Stirn.

Fall: ....

Bedeutung: ....

4 | Er hat mit **de**.......... **Junior**.......... ein Hühnchen zu rupfen.

Fall: ....

Bedeutung: ....

Übung 5c

«Är unterschtützt ***eim****.» Er unterstützt einem oder einen?*
Während wir in unseren Mundarten nur das Pronomen «einem» («eim») kennen, gilt es in der Standardsprache, Dativ und Akkusativ («einem» und «einen») zu unterscheiden. In der Standardsprache heisst es *Er unterstützt* ***einen***.

Lässt sich «ihm» einsetzen, so verwenden wir «einem». Lässt sich hingegen «ihn» einsetzen, so verwenden wir «einen».

Setzen Sie «einen» oder «einem» ein und erklären Sie die Bedeutung der Redewendungen.

1 | Das geht .... durch Mark und Bein.

2 | Der Chef schaut .... auf die Finger.

3 | Sie führt .... aufs Glatteis.

4 | Er macht .... die Hölle heiss.

5 | Sie nehmen .... ständig aufs Korn.

Lernziel: Ich weiss alles Notwendige über den Satzbau, um die Kommas richtig setzen zu können.

Satzbau und Kommasetzung

Theorie 6

Satzanalyse: Was muss ich über den Satzbau wissen, um die Kommas richtig setzen zu können?

Der Satz

Ein Satz weist mindestens einen konjugierten verbalen Teil, ein Subjekt und allenfalls weitere Satzglieder auf.

Beispiele

(konjugierter verbaler Teil = fett, Subjekt = unterstrichen)

Es **klingelte**.

An einem sonnigen Herbstmorgen **klingelte** bei Bandis die Hausglocke.

Bei Bandis **klingelte** nicht der Wecker, sondern die Hausglocke.

Der Teilsatz

Ein Satz kann aus mehreren Teilsätzen bestehen.
In diesem Fall enthält er mindestens zwei konjugierte verbale Teile.

Beispiel

Gerade als die Kirchenglocken zehn Uhr **schlugen**,	**klingelte** die Hausglocke.
= erster Teilsatz des Satzes; konjugierter verbaler Teil: schlugen	= zweiter Teilsatz des Satzes; konjugierter verbaler Teil: klingelte

Der eingeschobene Teilsatz

Teilsätze können in einen anderen Teilsatz eingeschoben sein.

Beispiel

Die Frau	, die ich **meine**,	**heisst** Frau Bandi.
Die Frau	, das **weiss** ich genau,	**heisst** Frau Bandi.
	= eingeschobener Teilsatz; konjugierter verbaler Teil: meine/weiss	

1. Teilsatz: *Die Frau heisst Frau Bandi*
2. Teilsatz: *die ich meine / das weiss ich genau*

Das Satzfragment

Das Satzfragment ist ein unvollständiger Satz, d.h., das Subjekt und/oder der konjugierte verbale Teil fehlen.

Beispiele

Morgen in der ganzen Schweiz sonnig und mild. Einverstanden.

Übung 6a

Heben Sie im folgenden Text die konjugierten verbalen Teile hervor. Unterstreichen Sie anschliessend die zwei Satzfragmente und die drei eingeschobenen Teilsätze mit unterschiedlichen Farben.

Weshalb Kleinstein schrumpft

Also wirklich ernst genommen hat Kleinstein das Phänomen des Schrumpfens nie. Er dachte, das würde nur Menschen in wirklich hohem Alter betreffen. Und so alt, wie ihn wohl manche einschätzen, ist Kleinstein nun wirklich nicht. Doch neulich, als er sich wieder einmal genau vermessen hat, wurde er eines Besseren belehrt. Kleinstein ist geschrumpft. Um mindestens einen halben Zentimeter. Und das hat zahlreiche Gründe. Zum einen schrumpft die Wirbelsäule. Die kissenartigen Pölsterchen zwischen den Wirbeln, die Bandscheiben, trocknen im Laufe der Jahrzehnte aus. Sie werden daher mit dem Alter dünner. Die Wirbel rücken folglich näher aneinander, was die Wirbelsäule verkürzt. Zum andern tragen auch die schlaffer werdenden Muskeln zum Schrumpfen bei. Damit das nicht ausartet, trainiert Kleinstein täglich. Daher geht Kleinstein, bevor er die nächste Frage beantwortet, jetzt erst mal eine Runde schwitzen. Und zwar sofort.

Nach: SonntagsZeitung, 13. März 2005

Übung 6b

Heben Sie die konjugierten verbalen Teile hervor.
Welches Schema passt zu welchem Satz?

□ = Teilsatz
⊏ = Anfang eines Teilsatzes, der von einem eingeschobenen Teilsatz unterbrochen wird.
⊐ = Ende eines Teilsatzes, der von einem eingeschobenen Teilsatz unterbrochen wird.
--- = Satzfragment

a | □, □, □.
b | □.
c | ---.
d | □.
e | ⊏, □, ⊐.
f | □, □.

1 | Vor einiger Zeit habe ich ein sehr interessantes Buch gelesen.
2 | Das Buch, das ich gerade lese, handelt von der Erfindung des Buches.
3 | Absolut empfehlenswert.
4 | Seit ich das Buch gelesen habe, bin ich überzeugt davon, dass unsere Welt noch immer voller unerfundener Erfindungen steckt.
5 | Mir könnte es mit einem Schlag besser gehen, sofern mir ein Megahammer gelänge wie die Erfindung des Buches oder des Rades.
6 | Möglich wäre es.

Übung 6c

Heben Sie die konjugierten verbalen Teile hervor. Bezeichnen Sie Anfang und Ende eines Teilsatzes mit Schrägstrichen und stellen Sie die Satzstrukturen grafisch dar (wie in der Übung 6a).

Beispiel

/ Ich **habe** ein Buch gelesen, / in dem es um die Erfindung des Buches **geht**. /

Schema: □, □.

Die Erfindung des Buches

1. / Auch das Buch musste, / so wie Auto, Computer oder Telefon erfunden wurden, / erst mal geschaffen werden. / 2. In der Antike gab es die Papyrusrolle. 3. Sie war extrem leserunfreundlich, denn sobald man sie in einem unkonzentrierten Moment losliess, schnurzelte sie zurück. 4. Ratz, fatz. 5. Das kennen wir Heutigen vom Fensterrollo im Badezimmer. 6. Etwas anderes hatte die Antike ihrem gebildeten Publikum aber nicht zu bieten. 7. Erst kurz vor Ende des Römischen Reiches, das heisst im 4. Jahrhundert oder auch etwas später, ist jemand auf die Idee gekommen, dass man Papier in rechteckige Scheiben schneiden kann. 8. Diese Scheiben konnte man übereinanderlegen und hinten vorsichtig zusammenkleben. 9. So entstand das erste Buch, von dem man bis heute nicht weiss, wer es erfunden hatte. 10. Faszinierend ist, dass einem das alles heutzutage so selbstverständlich erscheint, dass aber die Menschheit Tausende von Jahren brauchte, bis sie diese Erfindung entwickeln konnte. 11. Unglaublich, aber wahr.

Nach: Die Zeit. Nr. 47, 7. Oktober 2004

1. ⊏, □, ⊐,

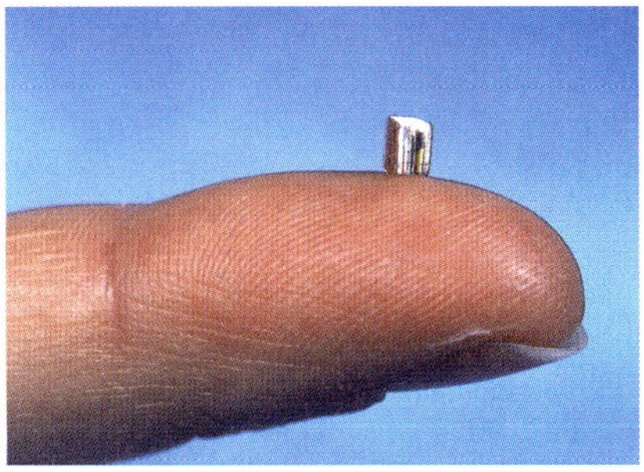

Das kleinste Buch der Welt:
ledergebunden, 24 Seiten, 2,4 x 2,9 mm im Format,
enthält ein illustriertes Alphabet.

Übung 6d

Die folgenden Werbeslogans sind umformuliert worden.
Im Original waren sie zum grossen Teil in Form von Satzfragmenten verfasst. Wie könnten sie formuliert gewesen sein?

Beispiel
Das sind schöne Aussichten für den Winter. Wir bieten günstige Spezialpreise zum weltweit Abheben. ➜ Schöne Aussichten für den Winter. Günstige Spezialpreise zum weltweit Abheben.

Dialog beim Schuhmacher

Guten Morgen!
Morgen.
Sind meine Schuhe abholbereit?
Morgen.
Morgen?
Ja, morgen.
Morgen.
Morgen.

1 | Das Surfen über die TV-Dose ist schneller, besser und einfacher.

2 | Verlängern Sie den Sommer. Sie erhalten jetzt gratis zu jedem Triopack Mozzarella einen Mozzarella-Schneider.

3 | Wir verschenken jeden Sonntag jede Menge Erlebnis-Tickets.

4 | Schweizer Fleisch ist ehrlich und natürlich.

5 | Der Toyota RAV4: Der Umweg ist das Ziel. Der RAV4 ist für all diejenigen gedacht, die überall weiterkommen wollen.

Test

Nr. 1 ....

1 Bestimmen Sie im unten stehenden Text den Fall der kursiv gedruckten Satzglieder (Nominativ, Genitiv, Dativ, Akkusativ, Objekt mit Präposition).
2 Punkte pro richtige Antwort (12 Punkte)

Nr. 2 ....

2 Bestimmen Sie im ersten Abschnitt (Zeilen 2–12) jeweils Anfang und Ende der Teilsätze mit Schrägstrichen.
1 Punkt Abzug pro Fehler (6 Punkte)

Die Gänsehaut

Die Abenteuer des Schlossgespensts Hui Buh sind seit den Siebzigerjahren *ein Märchen für Kinder* (Fall: ....). Seit dem Mittelalter haust es oben im Burgfried, rasselt mit seiner rostigen Eisenkette und piekst ungläubige Schlossgäste mit dem Morgenstern. Heutzutage werden *Erwachsenen* (Fall: ....) ähnliche Märchen erzählt: zum Beispiel, dass sich der Erfolg von Gruselfilmen mathematisch korrekt berechnen lässt. *Eine passende Formel* (Fall: ....) haben seriöse Wissenschaftler des Londoner King's College nun ermittelt. Sie wurden allerdings nicht von unbändigem Forscherdrang angetrieben. Es lockte sie das Geld der Filmindustrie, in deren Auftrag sie handelten.
Folglich bereitet das Ergebnis ihrer Arbeit echte Gänsehaut: *Für den perfekten Gruselfilm* (Fall: ....) sind nämlich unbekannte Orte und spannende Musik wichtig, rasante Verfolgungsjagden ebenso

wie tödliche Fallen für den Helden. Wer hätte das gedacht? Im Prinzip hat sich also kaum etwas geändert. Aus Gespenstern wurden *Psychopathen wie Hannibal Lecter* (Fall: ....), statt Rasselketten rasseln Kettensägen. Und auch die britischen Forscher bleiben dem Prinzip Schlossgespenst treu: Sie hocken hoch oben in ihrem Elfenbeinturm, besuchen hin und wieder *die Wirklichkeit* (Fall: ....) und erschrecken die Menschheit mit Ergebnissen, auf die niemand gewartet hat. Ist das nicht gespenstisch?

Nach: Marcus Rohwetter: 60 Sekunden für die Gänsehaut

3 Lesen Sie den Text und nennen Sie

a | die ersten zwei konjugierten verbalen Teile des Textes;
2 Punkte pro richtige Antwort (4 Punkte)

....

b | die ersten zwei Partizipien II des Textes.
2 Punkte pro richtige Antwort (4 Punkte)

....

Nr. 3 ....

4 **Trennen Sie im folgenden Satz sämtliche Satzglieder durch senkrechte Striche ab.** 2 Punkte Abzug pro Fehler (4 Punkte)

Sie hocken hoch oben in ihrem Elfenbeinturm.

Nr. 4 ....

5 **Unterstreichen Sie im folgenden Satz sämtliche Attribute (bestimmte und unbestimmte Artikel können der Einfachheit halber weggelassen werden).** 2 Punkte pro richtige Antwort (6 Punkte)

Die Abenteuer des Schlossgespensts Hui Buh sind seit den frühen Siebzigerjahren ein Märchen für Kinder.

Nr. 5 ....

6 **Erweitern Sie das Nomen «Gespenster» mit zwei sinnvollen Attributen (bestimmte und unbestimmte Artikel zählen nicht).**
2 Punkte pro richtige Antwort (4 Punkte)

Nr. 6 ....

7 **Setzen Sie «einen» oder «einem» ein.** 2 Punkte pro richtige Antwort (6 Punkte)

Das gruselt ....
Dies bereitet .... Gänsehaut.
Sie halten .... für blöd.

Nr. 7 ....

8 **Unterstreichen Sie in den folgenden zwei Sätzen das Subjekt.**
2 Punkte pro richtige Antwort (4 Punkte)

Für den perfekten Gruselfilm sind nämlich unbekannte Orte und spannende Musik wichtig. Wer hätte das gedacht?

Nr. 8 ....

50 – 40 Punkte ☺ 39 – 30 Punkte 😐 29 – 20 Punkte ☹ 19 – 0 Punkte

Erreichte Punktzahl von maximal 50 Punkten: ....

4 Zeichensetzung

Lernziel: Ich wende meine Kenntnisse der Satzlehre an, um die Kommas korrekt zu setzen. Dabei achte ich auf die konjugierten verbalen Teile und die Konjunktionen (Bindewörter). Ich erfahre ausserdem, dass die Satzzeichen Texte strukturieren.

Wozu dienen Kommas?

Lesen Sie den folgenden Text ohne Kommas laut vor:

Ein Schweizer verfasste ein Buch auf das die Menschheit gewartet hatte über die verflixte Zeichensetzung im Deutschen wobei er in seinem Manuskript vollumfänglich auf Kommas verzichtete was er als einen provokativen Akt verstand aber das interessierte was auch verständlich ist niemanden. Einmal durfte er in einer kleinen Buchhandlung aus seinem Buch vorlesen und zwar einen ganzen Abend lang. Vor der Lesung wartete er auf seine Frau und seine Mutter und seine Töchter sollten später hinzukommen aber nicht einmal sie kamen um ihn lesen zu hören was ihn wie er ihnen später mitteilte sehr deprimierte.

Ganz schön mühsam zu lesen, nicht? Versuchen Sie nun, die Struktur des Textes mittels Kommas deutlich zu machen.

- Wo verändert das Komma den Sinn des Textes? Geben Sie eine Textstelle an.
- Wozu dienen Kommas? Formulieren Sie Ihre Antwort detailliert.

Lesen Sie den Anfang des berndeutschen Chansons «Dene wos guet geit» von Mani Matter. Wo würden Sie in der rechten Spalte Kommas setzen, um den Text verständlicher zu machen?

Dene wos guet geit Dene wos guet geit giengs besser giengs dene besser wos weniger guet geit was aber nid geit ohni dass's dene weniger guet geit wos guet geit. Mani Matter	Denjenigen welchen es gut geht ginge es besser wenn es denjenigen besser ginge welchen es weniger gut geht was aber nicht geht ohne dass es denjenigen weniger gut geht welchen es gut geht.

Im Folgenden wird im ersten Teil die Kommasetzung zwischen Teilsätzen vorgestellt. Im zweiten Teil erfahren Sie, wann Sie innerhalb eines Teilsatzes ein Komma setzen müssen.

Lernziel: Ich erkenne Teilsätze und weiss, wann sie mit Komma voneinander abgetrennt werden.

Das Komma zwischen Teilsätzen

Theorie 1

Weshalb muss ich auf die konjugierten verbalen Teile achten?

Kommas trennen Teilsätze. Deshalb ist es hilfreich zu wissen, aus wie vielen Teilsätzen ein Satz besteht und von wo bis wo ein Teilsatz geht. Um die Teilsätze erkennen zu können, heben Sie die konjugierten verbalen Teile hervor. Wenn Sie diese Methode richtig anwenden, setzen Sie einen grossen Teil der Kommas korrekt!

Beispiel

Ich **spielte** Basketball**,**	obwohl ich mich am Knie verletzt **hatte,**	als ich mit dem Fahrrad in die Stadt geradelt **war**.
1. Teilsatz konjugierter verbaler Teil: spielte	2. Teilsatz konjugierter verbaler Teil: hatte	3. Teilsatz konjugierter verbaler Teil: war

Übung 1

Heben Sie die konjugierten verbalen Teile hervor, stellen Sie die Sätze grafisch dar (vgl. Seite 150) und setzen Sie die fehlenden Kommas.

1 | Thomas ging ins Sportgeschäft wo er sich vom Fachhändler beraten liess.

2 | Er wollte mit Nordic Walking beginnen weil er mindestens fünf Kilo abnehmen musste damit er wieder in seine Lieblingsjeans passte.

3 | Er kaufte sich geeignete Schuhe und Stöcke.

4 | Ein paar Tage später meldete er sich für einen Einführungskurs an an dem auch sein Arbeitskollege Max teilnehmen wollte.

5 | Thomas und Max kamen ganz schön ins Schwitzen beim Walken vor allem weil sie die ganze Zeit über ihre Chefs sprachen.

6 | Nach der ersten Lektion fühlten sie sich ausgezeichnet beide verspürten einen Riesenhunger den sie dringend stillen mussten.

7 | In einem Fastfood-Restaurant genossen sie mehrere Hamburger und einen köstlichen Milkshake.

Theorie 2

Wann kann ich bei «und»/«oder» das Komma weglassen?

1 | Freiwilliges Komma vor «und»/«oder»

Teilsätze, die mit «und»/«oder» verbunden sind, können mit Komma abgetrennt werden, wenn sie je ein Subjekt und einen konjugierten verbalen Teil enthalten.

Beispiel

Sie **spielt** einmal in der Woche Badminton(**,**)	*und* er **joggt** täglich.
1. Teilsatz konjugierter verbaler Teil: spielt, Subjekt: Sie	2. Teilsatz konjugierter verbaler Teil: joggt, Subjekt: er

2 | Kein Komma vor «und»/«oder»

Wenn sich ein Subjekt auf mehrere Teilsätze bezieht, darf vor «und»/«oder» kein Komma gesetzt werden.

Beispiel

Sie **spielt** einmal in der Woche Badminton,	**schwimmt** täglich (kein Komma!)	*und* **joggt** dreimal in der Woche.
1. Teilsatz Subjekt: sie	2. Teilsatz Subjekt (sie) im 1. Teilsatz	3. Teilsatz Subjekt (sie) im 1. Teilsatz

Wie bestimme ich das Subjekt? – Indem ich die Frage «wer oder was?» stelle. Vgl. Seite 146.

Übung 2a

Heben Sie in den folgenden Sätzen die konjugierten verbalen Teile hervor, bestimmen Sie die Subjekte und setzen Sie die fehlenden Kommas. Geben Sie in den Lücken an, ob vor «und»/«oder» ein Komma freiwillig ist (a) oder nicht gesetzt werden darf (b).

Fledermäuse – heimlich, aber nicht unheimlich

1 | Sie fliegen mit den Händen erkunden die Nacht mit dem Echo ihrer Ultraschallrufe und (........) ernähren sich von Insekten.

2 | Fledermäuse sind die einzigen fliegenden Säugetiere und (........) faszinieren Jung und Alt.

3 | Viele der dreissig einheimischen Arten sind heute jedoch gefährdet.

4 | Der Zoo Zürich gewährt darum der «Stiftung zum Schutz unserer Fledermäuse in der Schweiz» Gastrecht und (........) ist damit zur Drehscheibe im landesweit koordinierten Fledermausschutz geworden.

5 | Öffentliche Fütterungen von Pfleglingen, Vorträge und Exkursionen sollen in der Bevölkerung um Sympathie für die Flatterhaften werben.

6 | Schreiben Sie uns eine E-Mail oder (........) lesen Sie weitere Informationen auf der Internetseite.

Nach: *zooh* magazin

Übung 2b

Heben Sie die konjugierten verbalen Teile hervor, stellen Sie die Sätze grafisch dar (vgl. Seite 150) und setzen Sie anschliessend die Kommas.

Etwas sehr, sehr Schönes (I)

1. Die Geschichte beginnt morgens um sieben Uhr an einem jener goldenen Herbsttage, wie sie das Basler Hinterland so leuchtend klar hat. 2. Auf einem kleinen Hügel stehen einsam drei flammendgelbe Birken dahinter liegt ein stattliches Wohnhaus. 3. Auf der Terrasse flattert die Schweizer Fahne im warmen Südwestwind. 4. Die Tür geht auf eine junge Frau kommt heraus. 5. Sie ist vielleicht zwanzig Jahre alt trägt ein rotweisses Reisekostüm und ihr blondes Haar leuchtet in der Morgensonne. 6. In weissen Sandalen läuft sie auf ihr Auto zu während hinter ihr ein weisshaariger Mann aus dem Haus tritt. 7. Der Mann ist bestimmt über sechzig. 8. Seinem ausrasierten Nacken und den harten Zügen um die Mundwinkel sieht man zwei Weltkriege an seine Schultern und der flache Bauch lassen auf den lebenslang trainierten Leichtathleten schliessen. 9. Er trägt zwei grosse Koffer mühelos hält er sie seitlich auswärts sodass sie ihm nicht gegen die Beine schlagen. 10. Er legt das Gepäck auf den Beifahrersitz denn das Auto ist rund und winzig wie ein Frosch (ein schwarzer Renault Heck) und anderswo ist kein Platz. 11. Dann umarmt er die junge Frau schaut ihr eindringlich in die Augen und sagt etwas. 12. Sie nickt steigt ein und fährt los. Sie kurbelt das Fenster herunter streckt einen nackten Arm heraus und winkt. 13. Dabei knickt sie den Ellbogen einwärts wie es nur Frauen können. 14. Der weisshaarige Mann winkt zurück bis der Renault hinter den Birken verschwindet. 15. Dann geht er schnell ins Haus. 16. Es ist der 21. Oktober 1960.

Nach: Alex Capus: Etwas sehr, sehr Schönes

1. □ , □ .

Übung 2c

Heben Sie die konjugierten verbalen Teile hervor und setzen Sie anschliessend die fehlenden Kommas.

Etwas sehr, sehr Schönes (II)

Die junge Frau will alleine mit dem Auto nach Oxford fahren wo sie einen Sprachkurs besuchen wird. In Paris nimmt sie ein Hotelzimmer für eine Nacht. Gegen Abend flaniert sie durch die Strassen der Stadt stöbert in den Auslagen der Buchhandlungen und beobachtet die eleganten Pariserinnen und die blasierten jungen Männer in schwarzen Rollkragenpullovern. Dann kauft sie eine Postkarte setzt sich in das nächste Café und bestellt die erste Cola ihres Lebens.

Jemand spricht sie an. «Verzeihung, Mademoiselle. Wie ich sehe haben Sie da einen ordentlichen Stapel Ansichtskarten. Wenn Sie eine entbehren könnten würde ich Ihnen gerne ein paar Zeilen schreiben.»

Sie sieht den Mann an. Jung ist er und er kann unter seinen Augenbrauen hervorschauen wie James Dean. Das findet die junge Frau lächerlich aber immerhin trägt er keinen schwarzen Rollkragenpullover, sondern ein weisses Hemd und eine unglaublich schmale Krawatte. Gross und schlank ist er und er spricht betont deutlich und langsam damit sie ihn verstehen kann. Der junge Mann gefällt ihr. Sie reicht ihm eine Karte und den Füller. Er schreibt drei Zeilen gibt ihr alles zurück steht auf und verabschiedet sich: «Morgen um diese Zeit werde ich hier auf Sie warten. Auf Wiedersehen, Mademoiselle.» Und bevor die junge Frau antworten kann dass sie in vierundzwanzig Stunden längst unterwegs nach England sein wird, vielleicht schon auf einer Fähre oder jenseits des Ärmelkanals, ist der junge Mann im Strom der Menschen verschwunden.

Immer an dieser Stelle der Geschichte huscht ein frivoles Lächeln über das altersfaltige Mündchen meiner Mutter.

«Dein Vater hat unglaublich Glück gehabt», fährt sie dann jeweils fort, «ich hatte ihn am nächsten Morgen doch längst vergessen. Aber es regnete ziemlich stark mir graute vor der Autofahrt und so entschied ich mich, noch einen Tag in Paris zu bleiben. Ich lief den ganzen Tag im Louvre umher. Als ich abends zurück ins Hotel ging führte mein Heimweg zufällig an jenem Café vorbei. Es war der pure Zufall, wie gesagt. Dein Vater sass in der ersten Reihe aber ich übersah ihn geflissentlich. Der eingebildete Laffe hätte sonst womöglich geglaubt dass ich seinetwegen gekommen sei. Erst rief er nach mir und dann rannte er hinter mir her ich hörte seine Schritte und überlegte ob ich weglaufen oder auf ihn warten sollte – da hielt ein Bus gerade neben mir der Schaffner lächelte mich an wie ein rettender Engel und hielt mir die Hand hin, um mich auf die Plattform hochzuziehen. Ich zögerte einen Augenblick, eine Sekunde nur horchte ich auf die näher kommenden Schritte – da fuhr der Bus an und eine sanfte Hand legte sich auf meine Schulter. Einen Monat später war ich immer noch in Paris und schwanger» – an dieser Stelle wird Mamas Lächeln jedes Mal wehmütig – «und ich habe bis heute keinen Fuss auf britischen Boden gesetzt. Und Englisch kann ich auch kein Wort.»

«Mama», sage ich dann immer, «jetzt verrate mir doch endlich: Was hat Papa auf die Ansichtskarte geschrieben?»

Und hier wird ihr Lächeln zu einem triumphierenden Strahlen. «Mein Sohn, das geht dich rein gar nichts an. Nur so viel: Es war etwas Schönes. Etwas sehr, sehr Schönes.»

Nach: Alex Capus: Etwas sehr, sehr Schönes

Theorie 3

Wo setze ich bei eingeschobenen Teilsätzen Kommas?

Man setzt an den Anfang und an den Schluss des eingeschobenen Teilsatzes ein Komma.

Wenn ein Teilsatz vor einem «und» eingeschoben wird, muss vor dem «und» ein Komma gesetzt werden:

Paul, **der gerne reitet**, und Markus haben mich abgeholt.

Beispiel

Die Strasse	, die ich meine,	liegt am Stadtrand.
Die Strasse	, sie ist auf der Karte schwer zu finden,	liegt am Stadtrand.

Übung 3a

Heben Sie die konjugierten verbalen Teile hervor, unterstreichen Sie die eingeschobenen Teilsätze und setzen Sie die Kommas.

1 | Die exotische Blume von der ich rede ist meine Lieblingsblume.

2 | Die Gärtnerei es ist die grösste in Steffisburg liegt am Ende dieser Strasse.

3 | Wildpflanzen die man nicht sicher als ungiftig kennt sollte man nicht verzehren.

4 | Die Vielfalt der Lilienarten ist wie Sie unserer Broschüre entnehmen können immens.

5 | Die Falsche Akazie sie ist bekannt für ihre wohlriechenden Blüten gehört zu den Schmetterlingsblütengewächsen.

6 | Er pflanzte Tulpenzwiebeln die er von seinem Nachbarn erhalten hatte und drei weitere Blumenarten.

7 | Sie schenkte ihrem Mann einen Blumenstrauss und lud ihn zum Essen ein.

8 | Sie schenkte ihrem Mann einen Blumenstrauss obwohl ihr Mann Blumensträusse als eine Geldverschwendung betrachtete und lud ihn zum Essen ein.

Übung 3b

Zusammenfassende Übung: Heben Sie die konjugierten verbalen Teile hervor, stellen Sie die Sätze grafisch dar (vgl. Seite 150) und setzen Sie die fehlenden Kommas.

1. ☐ .

Jugendliche in Zürich

1. Das Forschungsinstitut GfS Zürich hat im Auftrag der Stadt Zürich eine repräsentative Studie durchgeführt. 2. Gemäss dieser Studie sind die Jugendlichen in Zürich mit ihrem Wohnort sehr zufrieden untereinander kommt es aber immer wieder zu Konflikten.

3. 11 Prozent der Jugendlichen gaben an dass sie es oft oder ab und zu mit der Polizei zu tun bekommen. 4. Dieser relativ hohe Anteil zeigt dass die Jugendlichen die Polizei nicht unerheblich beschäftigen. 5. Beinahe die Hälfte der Befragten hat ein spannungsvolles Verhältnis zu bestimmten Gruppen von Jugendlichen. 6. Skinheads, allgemein ausländerfeindliche Gruppen, Kriminelle und Punks werden häufig genannt. 7. Die meisten Befragten meiden deren Reviere oder weichen ihnen zumindest aus. 8. 11 Prozent aber lassen sich auf Auseinandersetzungen ein 3 Prozent schlagen zu.

9. Wenn Jugendliche abends allein in Zürich unterwegs sind fühlen sie sich jedoch recht sicher. 10. Etwas weniger sicher fühlen sich junge Frauen und unter 13-Jährige.

11. Überraschenderweise geben 65 Prozent der Befragten an dass sie nicht rauchen 23 Prozent brauchen täglich eine Zigarette. 12. Cannabis oder Alkohol konsumieren hingegen die wenigsten täglich. 13. Ecstasy wird nur gerade von 3 Prozent der Befragten konsumiert, und dies auch nur selten. 14. Wie Peter Spichiger von GfS Zürich sagt liegen diese Werte im gesellschaftlich tolerierten Bereich sind aber besonders bei illegalen Drogen wohl höher. 15. Obwohl in der Diskussion um den Lehrstellenmangel der Eindruck entstanden ist, nur wenige Jugendliche könnten eine Wunschlehre machen geben diese in der Befragung an dass sie sich in der Berufswahl kaum einschränken mussten. 16. Sie fühlen sich im Durchschnitt auch recht wohl in der Schule oder am Arbeitsplatz lernen aber nur mässig gern. 17. In der Freizeit treffen sich die Jugendlichen am liebsten mit ihren Kollegen gehen aus oder treiben Sport.

Nach: Janine Hosp: Es gibt keinen schöneren Ort als das Zuhause

Lernziel: Ich weiss, wann innerhalb des Teilsatzes ein Komma gesetzt werden muss.

Das Komma im Teilsatz

Theorie 4

Wann setzt man bei Aufzählungen ein Komma?

Das Komma steht zwischen den Gliedern von Aufzählungen, sofern diese nicht mit «und»/«oder» verbunden sind.

Beispiel
Ciro isst gerne Pasta, Poulet und Pistazien.

Nach dem letzten Aufzählungsglied folgt kein Komma.

Beispiel
Ciro häuft gerne Vorspeise, Hauptgang und Dessert zusammen auf einen Teller.

Zwischen zwei gleichrangige Adjektive setzt man ein Komma. Gleichrangige Adjektive können durch «und» verbunden werden und man kann die Reihenfolge der Adjektive ändern.

Beispiel
eine spannende, mitreissende Unterhaltung (eine spannende und mitreissende Unterhaltung; eine mitreissende, spannende Unterhaltung)

Zwischen ungleichrangige Adjektive setzt man kein Komma. Sie können nicht mit «und» verbunden werden und die Reihenfolge der Adjektive kann nicht geändert werden.

Beispiele
eine berühmte schwedische Malerin, ein sportliches rotes Auto, ein schwieriges mathematisches Problem

Übung 4a

Setzen Sie die Kommas.

1 | Leo Tanja und ich trafen uns im Restaurant «Verdi».

2 | Tanja zählte ihre Lieblingsrezepte auf: Riz Casimir Butterzopf Pizza Margherita Haselnusscreme Tomatensalat.

3 | Leo ass redete und flirtete gleichzeitig.

4 | Wir assen Lasagne Salat und Brot in riesigen Mengen.

5 | An den anderen Tischen hatte es laute z.T. sogar johlende Gäste.

6 | Dennoch genossen wir das leckere piemontesische Essen.

Wenn eines der Adjektive ein Farbadjektiv oder eine Länder- bzw. eine Ortsbezeichnung ist, sind die Adjektive ungleichrangig, d.h., es wird *kein* Komma gesetzt.

Übung 4b

Markieren Sie die Stellen, an denen zwei Adjektive nacheinander vorkommen. Setzen Sie anschliessend sämtliche fehlenden Kommas.

1 | Dazu tranken wir einen guten italienischen Wein.

2 | Tanja bestellte nach dem Essen ein klebriges süsses Getränk.

3 | Sie erzählte von ihrem neuen ungarischen Freund und von seinen wunderschönen tiefblauen Augen.

4 | Das renovierte piemontesische Restaurant gefiel uns allen sehr gut.

5 | Für all das bezahlte ich nur einen kleinen bescheidenen Betrag.

Theorie 5

Das Komma bei Anreden und Ausrufen

Nach bzw. vor Anreden und Ausrufen setzt man ein Komma, um die Lesepause zu markieren.

Beispiele

«**Aua**, das tut weh. **Lukas**, bringst du mir das Verbandsmaterial?» –
«Wie immer, **meine Liebe**, gehorche ich dir sofort.»

Übung 5

Setzen Sie die fehlenden Kommas.

«Na wie geht es uns denn heute?», fragte mich der unsympathische Pfleger, der mir das Essen brachte. Nein nicht schon wieder Teigwaren zum Nachtessen, dachte ich im Stillen. Die verkochten, ungesalzenen Dinger konnte ich nicht leiden. «Ihre Tabletten Herr Linder liegen hier für Sie bereit. Nicht vergessen!» – «Ja ja ist schon gut.» Ich sehnte mich nach meinem alten Ledersessel, meiner Katze und meinem Gummibaum.

Theorie 6

Was sind Nachträge?

Nachträge beziehen sich stets auf einen unmittelbar vorhergehenden Satz bzw. Satzteil. Da sie den Sprachfluss unterbrechen, trennt man sie durch Kommas ab.

Das Komma steht vor einem Nachtrag, der den Satz abschliesst.

Beispiele
Vladimir liest die Zeitung, **und zwar immer morgens**.
Danach hört er Radio, **aber nicht sehr lange.**

Das Komma steht am Anfang und Ende eines Nachtrags, wenn der Satz fortgesetzt wird.

Beispiele
Die Zeitungslektüre, **und zwar immer morgens**, ist für Vladimir ein Ritual.
Gewisse Radiosendungen, **wie z.B. «Morgenstund hat Gold im Mund» oder «Echo der Zeit»,** verpasst er nie.

Folgende Wörter können Nachträge einleiten:

und zwar
und das
vor allem
wie z.B.
so etwa
darunter
nämlich
namentlich
also nicht
besonders
insbesondere
aber

Ortsangaben

Vor Ortsangaben, die mit einer Präposition eingeleitet werden, steht kein Komma.

Beispiel
Frau Dr. Stöckli wohnt **in** Olten **an** der Bahnhofstrasse.

Bei Ortsangaben ohne Präposition steht ein Komma.

Beispiel
Sie finden uns in Olten, Bahnhofstrasse 4, 2. Stock.

Appositionen

Apposition bedeutet «nähere Bestimmung» und ist eine besondere Form des Attributs (vgl. S. 145). Appositionen gelten auch als Nachträge und werden mit Komma abgetrennt, sofern sie nicht mit «als» eingeleitet werden. Die Apposition steht im gleichen Fall wie das Satzglied, das sie erweitert. Sie enthält immer ein Nomen.

Beispiele
Frau Riva, **unsere Filialleiterin**, wird Sie in den nächsten Tagen anrufen.

Herr Kienast **als unser Experte** wird sich dieser Angelegenheit annehmen.

Übung 6a

Unterstreichen Sie die Nachträge und setzen Sie die Kommas.

1 | In unserem Sortiment finden Sie die verschiedensten Lampen darunter eine grosse Auswahl an Kronleuchtern.

2 | Unsere Kunden verlangen einen reibungslosen Service und das mit Recht.

3 | Wir sind an neuen Putzmitteln insbesondere ökologischen interessiert.

4 | Herr Lüthi Präsident des Fussballclubs Düdingen stellt folgenden Antrag an die Gemeindeversammlung.

5 | Wir laden Sie herzlich zur Vernissage der Ausstellung «Impressionen vom Seeufer» ein. Die Vernissage beginnt um 18.00 Uhr im «Kunsthüsi» Lindenstrasse 12 Thun.

6 | Verschiedene Entspannungstechniken wie z.B. Meditation autogenes Training oder Feldenkrais können Sie während Ihres Urlaubs bei uns ausprobieren.

7 | Es war notwendig, dass Frau Leibundgut als Kursleiterin die erhitzten Gemüter wieder beruhigte.

8 | Gratulieren Sie der neuen Miss Schweiz in unserem Warenhaus und zwar nächsten Samstag in der Geschenkabteilung im 4. Stock.

Übung 6b

Die Kommasetzung macht deutlich, ob etwas als Nachtrag zu verstehen ist oder nicht.

Beispiele

Patrick, Silvia, meine Nachbarin und ich besuchten gemeinsam das Verkehrshaus.
(= 4 Personen, kein Nachtrag)
Patrick, Silvia, meine Nachbarin**,** und ich besuchten gemeinsam das Verkehrshaus.
(= 3 Personen, «meine Nachbarin» = Nachtrag)

Beachten Sie die Personenangaben und setzen Sie die Kommas.

1 | Dieses Schreiben geht an Herrn Läubli unseren Aussendienstmitarbeiter und an die Firma Neptun Boote. (3 Adressaten)

2 | Dieses Schreiben geht an Herrn Läubli unseren Aussendienstmitarbeiter und an die Firma Neptun Boote. (2 Adressaten)

3 | Urs Matthias Andreas Michael mein Schwager und ich genossen einen wunderschönen Abend. (6 Personen)

4 | Urs Matthias Andreas Michael mein Schwager und ich genossen einen wunderschönen Abend. (5 Personen)

Theorie 7

Vor welchen Konjunktionen steht ein Komma, vor welchen keines?

Ohne Komma:	Mit Komma:
vor verbindenden oder aneinanderreihenden Konjunktionen: *und, sowohl … als auch, sowie, weder … noch, nicht … noch.* Beispiel: Ich spiele **sowohl** Tennis **als auch** Badminton.	bei Konjunktionen, die einen Gegensatz ausdrücken: *aber, allein, (je)doch, sondern, vielmehr.* Beispiel: Ich komme mit, **aber** nur wenn du dafür am Abend kochst.
vor ausschliessenden Konjunktionen: *oder, entweder … oder, beziehungsweise (bzw.).* Beispiel: Versuchen Sie Ihr Glück **entweder** jetzt **oder** nie!	bei Konjunktionen, die etwas auseinanderhalten: *bald … bald, einerseits … andererseits, teils … teils, nicht (nur) … sondern (auch), ob … ob, halb … halb.* Beispiel: Es nahmen **nicht nur** Erwachsene am Nachtlauf teil, **sondern auch** viele Kinder und Jugendliche.

Komma vor «als» und «wie»

Kein Komma vor «als» und «wie»: Die Konjunktionen verbinden nur Satzglieder.

Beispiele
Er ist besser **als** ich.
Sie spricht **wie** du.

Komma vor «als» und «wie»: Die Konjunktionen leiten einen Teilsatz ein.

Beispiele
Er ist besser, **als** ich gedacht habe.
Sie spricht das aus, **was** alle denken.

Komma vor «als» und «wie»: Die Konjunktionen leiten einen Nachtrag ein.

Beispiel
Bestseller, **wie** z.B. «Der Herr der Ringe», «Der Name der Rose» oder «Der Prophet», machen einen grossen Teil unseres Umsatzes aus.

Übung 7a

Heben Sie die Konjunktionen bzw. Adverbien hervor und setzen Sie die Kommas.

Mein Wohnpartner und ich

1 | Am Wochenende stehen wir nicht früh auf sondern schlafen lange aus.

2 | Die Katze miaut zwar vor der Schlafzimmertüre aber das überhören wir einfach.

3 | Wir essen entweder einen ausgiebigen Brunch oder kochen einen leckeren Sonntagsbraten.

4 | Mein Wohnpartner kocht wie ein Profi.

5 | Sowohl Fleischgerichte als auch vegetarische Teller gelingen ihm immer perfekt.

6 | Er ist zwar ein guter Koch jedoch ein lausiger Gärtner.

7 | Eigentlich wäre er für die Zimmerpflanzen verantwortlich aber sie sind leider alle auf tragische Weise verdorrt oder von Schädlingen befallen worden.

8 | Einerseits ist er ein humorvoller Wohnpartner andererseits kann er einem aber auch ganz schön auf den Geist gehen.

9 | Er liebt nämlich alte deutsche Schlager wie z.B. «Rote Lippen soll man küssen», «Weisse Rosen aus Athen» usw. und ich kann diese Musik nicht ausstehen.

10 | Ausserdem singt und tanzt er dazu wie ein Irrer.

11 | Am liebsten mag ich es wenn er kocht wie man es von ihm erwartet.

Übung 7b

Setzen Sie die Kommas, falls notwendig.

Mein Wohnpartner putzt

1. .... wie ein Wirbelwind.
2. .... wie seine Mutter.
3. .... wie ich es ihm vorschreibe.
4. .... wie ein Faultier, d.h. gar nicht.

Mein Wohnpartner ist ordentlicher

5. .... als ich.
6. .... als ich gedacht hätte.
7. .... als sein Bruder, der alles auf seinem Schreibtisch stapelt.
8. .... als erwartet.

Theorie 8

Weshalb muss ich bei langen Satzgliedern vorsichtig mit Kommas sein?

Satzglieder und Attribute (vgl. S. 142 und S. 145) darf man nicht willkürlich durch Kommas abtrennen.

Beispiel

Wegen der tausend irrtümlich verschickten Gutscheine kam die Firma ganz schön ins Schleudern. (kein Komma!)

Auch in einem sehr langen Satzglied steht nicht einfach aufgrund der Länge ein Komma.

Beispiel

Die gestern vom Bundesrat an einer Medienkonferenz veröffentlichte Stellungnahme wurde stark kritisiert. (unterstrichen = Attribut, vgl. S. 145)

Übung 8

Alle Schwierigkeiten

Setzen Sie die Kommas.

1 | Infolge einer Kollision mit einem Eisberg sank 1912 die Titanic.

2 | Für drei Viertel der Passagiere war ein kleiner irischer Küstenabschnitt das letzte Stück Land das sie in ihrem Leben sahen.

3 | Die Titanic war kein gewöhnliches Schiff sondern ein schwimmendes Hotel ja sogar eine kleine Stadt im Meer.

4 | Einerseits werden heute über die Titanic Bücher geschrieben andererseits werden Filme gedreht.

5 | Der gestern Abend im Institut für Angewandte Physik unterbrochene Vortrag über die Titanic hatte viele Zuhörerinnen und Zuhörer angelockt.

6 | Die Acht-Mann-Kapelle der Titanic die so heroisch bis zum Tod spielte gilt als Symbol für grosse unglaubliche Selbstbeherrschung.

7 | Andere Schiffe wie z.B. die HMS Victory die Mayflower oder die Golden Hind gingen auch in die Geschichte ein.

8 | Doch sie alle verblassen neben der Titanic und zwar eindeutig.

Test

Wie ich als Gehörlose Lärm wahrnehme

1. Lärm kann mich im Alltag genauso ablenken wie er Hörende ablenkt. 2. Ich höre Lärm nicht ich sehe ihn. 3. Lärm ist für mich Bewegung Unruhe Hektik Chaos. 4. Akustisch bin ich ja völlig abgeschottet (........) und trotzdem bekomme ich viel mit denn ich spüre vieles als Vibration. 5. Ich muss dann mit meinen Augen suchen woher die Lärmquelle kommt was es ist.

6. Wenn ich merke dass irgendetwas los ist (........) und die Leute frage sagen die meistens: 7. «Händ Sies nöd ghört?» 8. Einmal landete ich abends alleine im Zug in einem Depot weil ich eine Lautsprecherdurchsage nicht gehört hatte in der mitgeteilt worden war dass der Zug unplanmässig weggestellt werde und (........) die Passagiere umsteigen mussten. 9. Ich war so in ein Buch vertieft dass ich nichts mitbekam.

10. Ich habe das Gefühl dass unser Alltag immer lärmiger (........) und aggressiver wird. 11. Die Autos werden immer grösser und röhrender das spüre ich weil ich jeden Tag mit dem Velo durch die Stadt fahre. 12. Lastwagen die von hinten kommen sind für mich ein Horror. 13. Ich stelle fest dass die Menschen lärmempfindlicher geworden sind. 14. Ich sehe das wenn ich in ihre Gesichter schaue. 15. Die Leute verziehen dauernd ihre Gesichter weil von irgendwoher ein Geräusch oder ein Lärm kommt.

16. Die Sensibilität und das Bewusstsein für Gehörlose sind im Allgemeinen leider sehr klein weil Gehörlosigkeit nicht sichtbar ist. 17. Deshalb ist das Leben als Gehörlose in dieser Gesellschaft nicht immer einfach. 18. Doch wenn ich sehe wie unwohl die Menschen sich im Lärm oft fühlen dann denke ich die ewige Stille in mir hat in gewissen Momenten auch etwas Gutes.

Nach: Jacqueline Füllmann: Wie Gehörlose Lärm wahrnehmen

1. **Heben Sie in den Sätzen 10 bis 15 oben sämtliche konjugierten verbalen Teile hervor.**
   1 Punkt Abzug pro Fehler (13 Punkte)

Nr. 1 ....

2. **Geben Sie in den Lücken an, wo vor dem «und»**
   a | das Komma möglich, aber nicht notwendig ist;
   b | kein Komma stehen darf;
   c | ein Komma stehen muss.
   2 Punkte pro richtige Antwort (8 Punkte)

Nr. 2 ....

3. **Stellen Sie die Sätze 10 bis 12 des Textes grafisch dar.**
   2 Punkte pro richtige Antwort (6 Punkte)

   10.

   11.

   12.

Nr. 3 ....

4. **Setzen Sie sämtliche Kommas im Text.**
   1 Punkt Abzug pro Fehler (20 Punkte)

Nr. 4 ....

5. **Setzen Sie sämtliche Kommas.**
   1 Punkt Abzug pro Fehler (7 Punkte)

Nr. 5 ....

1 | Geräusche und Lärm warnten unsere Vorfahren in den weiten heissen Steppen Afrikas vor einer nahenden Gefahr.

2 | Gemäss einer Studie aus dem Jahr 2000 sterben in Deutschland jedes Jahr 2000 Menschen an einem lärmbedingten Herzinfarkt an Lungenkrebs wegen Passivrauchens dreimal weniger.

3 | Die interessante deutsche Studie kam zu wichtigen Resultaten.

4 | Die Leiden Lärmgeschädigter wie z.B. Depressionen Aggressionen Kopfschmerzen und Schlafstörungen können sehr belastend sein.

5 | Letztere wiegen ähnlich schwer wie Asthma.

6 | Teils werden Geräusche als Krach empfunden teils als angenehm.

7 | Die heute Vormittag an einer Pressekonferenz vorgestellte Studie zum Thema «Lärmbekämpfung» stiess auf grosses Interesse.

54 – 43 Punkte ☺ 42 – 32 Punkte 😐 31 – 22 Punkte ☹ 21 – 0 Punkte 😲

Erreichte Punktzahl
von maximal 54 Punkten: ....

Überblick über die Textsorten

Was haben Texte und Textilien gemeinsam?

In einem Text werden mehrere schriftliche Sätze zu einem Ganzen verknüpft, ähnlich wie Fäden zu einem Gewebe, eben zu einer Textilie, verwoben werden. Was im Text der Satz, ist in der Textilie der Faden. Auf die Nähe der beiden Begriffe weist eine bekannte Redewendung hin: Wer einen gut aufgebauten, klar verständlichen Text verfassen will, achtet darauf, beim Schreiben nicht den Faden zu verlieren!
So wie es verschiedene Textilien wie Baumwolle, Leinen usw. gibt, unterscheidet man auch verschiedene Textsorten:

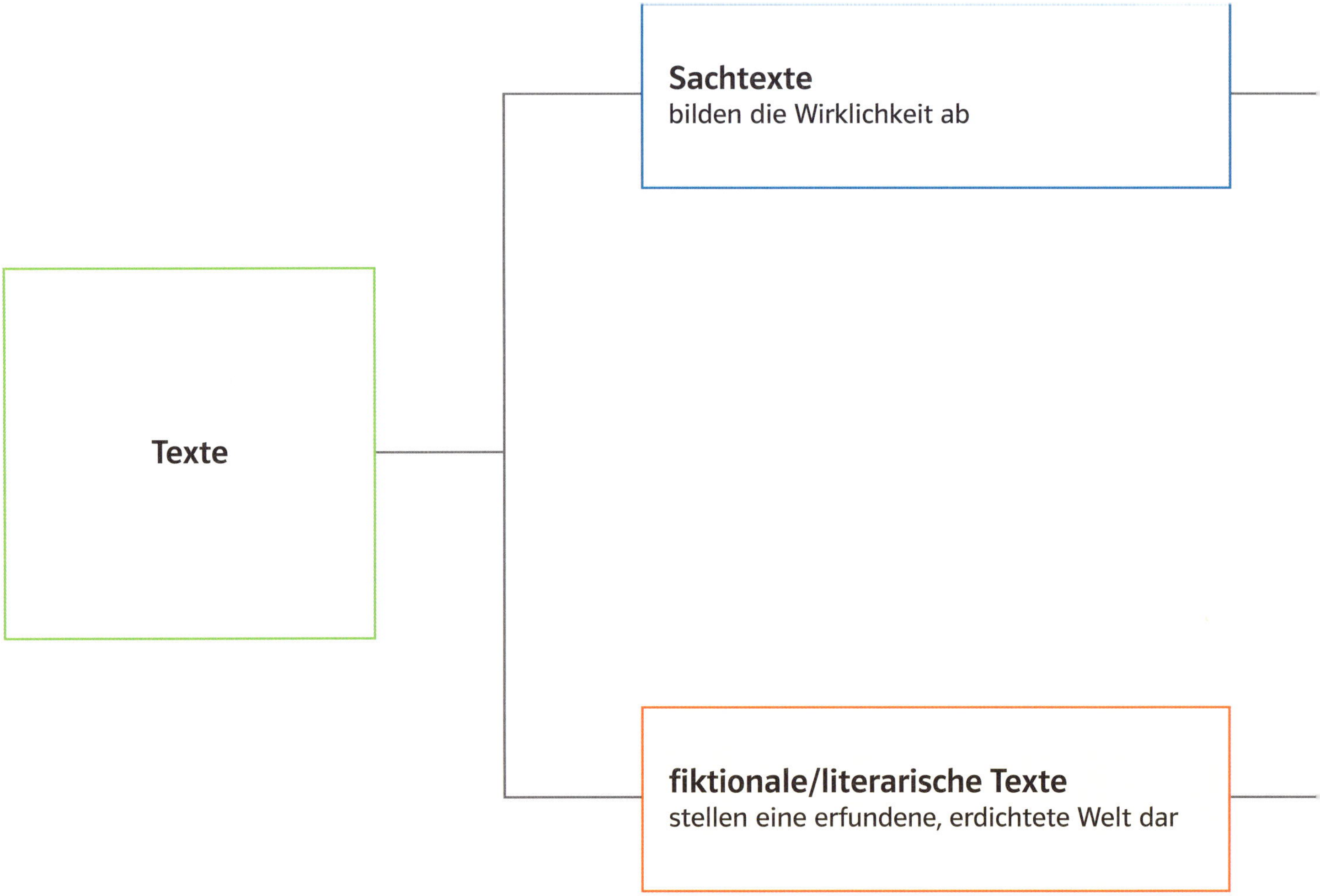

Texte, die informieren

Bericht
Nachricht
Beschreibung
Zusammenfassung
Protokoll
Porträt
Biografie
Reportage
Sachbuch
Lehrbuch
Gesetz

Texte, die argumentieren/appellieren

Erörterung
Werbetext
Leserbrief
Rezension
Kommentar
Plädoyer

Texte, die persönliche Gedanken/Gefühle ausdrücken

Tagebuch
Autobiografie
Kolumne
Essay
Schilderung

Epik

Epische Texte erzählen etwas. Sie sind in Prosa (nicht in Versform) verfasst.

Erzählung
Roman (Kriminalroman, Liebesroman …)
Kurzgeschichte
Märchen
Fabel
Legende
Sage

Dramatik

Figuren spielen auf einer Bühne oder an einem Drehort eine Rolle.

Tragödie
Komödie
Hörspiel
Film
Oper
Musical

Lyrik

Lyrische Texte sind meist in Versform verfasst. Formale Aspekte (z.B. Reim, Strophe, Refrain) und der Klang sind dabei wichtig.

Gedicht
Lied
Song
Rap (Sprechgesang)

Textnachweis

S. 6 F.A.Z. Fragebogen. Abgekürzt nach: http://www.hillschmidt.de/ger/faz.htm (Proust-Fragebogen)

S. 9 Er liebt seine Arbeit ... Aus: Coopzeitung, 8. September 2004

S. 10 Maria Bratsos. Gekürzt nach: infos, das Magazin für junge Kaufleute in Aus- und Weiterbildung. August 2000, Nr. 414. S. 16–17

S. 14 Peter Bühler: Es ist meine Aufgabe, Vertrauen zu vermitteln. Nach: Interview mit Jürgen Seeberger. In: SonntagsZeitung, 21.11.2004. S. 35

S. 23 Was ist eigentlich Sucht? Nach: http://mypage.bluewin.ch/kl-hagmann/bericht/6-02/vortrag1/drogen/01sucht.htm

S. 27 Vergessenskurve. Aus: Stephan Wottreng: Handbuch Handlungskompetenz. © 2004 Sauerländer Verlage AG, Oberentfelden. S. 89

S. 32/33 Andreas Heller: Alchimie im Suppentopf. In: NZZ-Folio, Februar 1993

S. 35 Diagramme aus: Erlebnis Sprache, Band 1, Klett und Balmer Verlag, Zug 2003. S. 93/94

S. 37 Es gibt nichts Gutes ... Aus: Erich Kästner: Gesammelte Schriften für Erwachsene. Band I: Gedichte. Atrium, Zürich 1969

S. 39/40 Nicole Müller: Fitness-Muffel oder Fitness-Maniac? In: Die Zeit, 14/2004

S. 64 Kartenhalter. Aus: annabelle 7/04. S. 180

S. 66 Dumm gelaufen. Aus: http://www.versicherungsdienst-mueller.de/humor.html

S. 67 Das Vokabelringbuch: Vokabeln lernen nach Themen. Nach: Découvertes 2. Klett und Balmer Verlag, Zug 2001. S. 68

S. 67 Psychologische erste Hilfe bei einem Unfall. Aus: Nothilfekurs ABC. Schweizerischer Samariterbund, Olten 2001. S. 10

S. 70/71 Milena Moser: Sonnenbrand. In: Dies.: Schlampenbuch. Rowohlt, Reinbek 1990

S. 72 Andrea Simmen: Mops. In: Katrin Eckert (Hrsg.): Binnenwelten. Stimmen aus der Schweiz. Pendo, Zürich, München 1998. S. 83

S. 77 Thomas Iseler und Daniel Puntas Bernet: Los doch eifach mal uf dUssag, ok? In: NZZ am Sonntag, 15. August 2004

S. 83 Duden. Die deutsche Rechtschreibung. Mannheim 2004.

S. 85 David Landes: Wohlstand und Armut der Nationen. Warum die einen reich und die anderen arm sind. Siedler Verlag, Berlin 1999

S. 88/89 Beat Schmid: Ich könnte tagelang Traktor fahren (Text stark überarbeitet). © Beat Schmid, www.bemedia.ch

S. 90/91 Frauen- und Männerfreundschaften. (Text verändert) Aus: Beate Herkendell, Christine Knödler: Zu zweit, zu dritt, zusammen: Freundschaft. Deutscher Taschenbuch Verlag, München 2002. S. 114–119

S. 92 Freundschaft ist ... (Text verändert) Aus: Beate Herkendell, Christine Knödler: Zu zweit, zu dritt, zusammen: Freundschaft. Deutscher Taschenbuch Verlag, München 2002. S. 182–183

S. 92/93 Meine Freunde und ich. Aus: Helga Königsdorf: Über die unverzügliche Rettung der Welt. Essays. © Aufbau-Verlag GmbH, Berlin und Weimar 1994

S. 94/95 Jugend im Minus (Text gekürzt). Nach: Balz Rigendinger: Die Pleite-Jugend. In: FACTS, 46/2003

S. 96 Hohenheimer Kaufsuchttest. Nach: http://www.kaufsucht.org/kaufsucht_tests/hohenheimer_kaufsucht_test.htm

S. 97 Weisheiten zum Thema Konsum. Nach: Norbert Bolz: Das konsumistische Manifest. Wilhelm Fink Verlag, München 2002

S. 98 Do you speak Germish. Nach: Bastian Sick: Der Dativ ist dem Genitiv sein Tod. © 2004 by Verlag Kiepenheuer & Witsch, Köln und Spiegel Online GmbH, Hamburg

S. 99 Ich liebe dich. Nach: Ben Schott: Schotts Sammelsurium. Berlin Verlag, Berlin 2004

S. 99 Tarzan ist überall. Aus: Pedro Lenz: Tarzan in der Schweiz. Verlag x-time, Bern 2003

S. 100 Ich wollt, ich wär ein Huhn. Aus: Fritz Beckmann, Glückskinder, gesungen von Willy Fritsch 1936

S. 100 Wir sind Helden: Guten Tag (Reklamation). Aus: Guten Tag, Labels (EMI), 2003

S. 100 Andreas Thalmayr: Lyrik nervt. Carl Hanser Verlag, München, Wien 2004

S. 101 Thomas D.: Rückenwind. Aus: Rückenwind. For (Sony) 1997

S. 101 Draussen: Daniela Niekant. In: Die Zeit, Nr. 38/2004, S. 62

S. 102 Johann Wolfgang von Goethe: Willkommen und Abschied. 1789. Aus: Goethe: Sämtliche Gedichte. Erster Teil: Die Gedichte der Ausgabe letzter Hand. Artemis Verlag, Zürich und Stuttgart. S. 49–50

S. 103 Bertolt Brecht: Morgens und abends zu lesen. Aus: Werke. Grosse kommentierte Berliner und Frankfurter Ausgabe, Bd. 14. Suhrkamp Verlag, Frankfurt a. M. 1993

S. 103 Heinz Erhardt: Was wär ... Aus: Alles Liebe! Lappan, Oldenburg 2004. S. 6

S. 103 Robert Gernhardt: Geständnis. Aus: Ders.: Körper in Cafés. © S. Fischer Verlag GmbH, Frankfurt a. M. 1987

S. 103 Rose Ausländer: Wort an Wort. Aus: Dies.: Im Aschenregen die Spur deines Namens. Gedichte und Prosa 1976. © S. Fischer Verlag GmbH, Frankfurt a. M. 1984

S. 104/105 Ursula von Arx: Liebesklicke. Aus: «Das Magazin» vom 17.01.2004. © «Das Magazin» Tages Anzeiger, Zürich 2004

S. 106/107 Eva Burkard, Genny Russo: global_kids.ch. Die Kinder der Immigranten in der Schweiz. Limmat Verlag, Zürich 2004. S. 14–19

S. 108/109 Sibylle Berg: Hauptsache weit. Aus: Das Unerfreuliche zuerst. Herrengeschichten, von Sibylle Berg. © 2001 by Verlag Kiepenheuer & Witsch, Köln

S. 115/116 Thomas Bernhard: Der Diktator. Aus: Nayhauss, Hans Christian Graf: Kürzestgeschichten. Reclam, Ditzingen 1982

S. 116 Helmut Meier: Deutsche Sprachlinguistik. Georg Olms, Hildesheim 1964

S. 116 Der Brockhaus in 15 Bänden, Band 3 Chl–Eir. Brockhaus Verlag, Leipzig, Mannheim 1997

S. 120 Davon geht die Welt nicht unter: Walzerlied aus dem Film «Die grosse Liebe», 1942. Aus: Puppchen, du bist mein Augenstern. Musik: Jean Gilbert, Text: Alfred Schoenfeld/Robert Gilbert. © by Dreiklang-Dreimasken Bühnen- und Musikverlag GmbH (BMG Music Publishing Germany), München. Alle Rechte vorbehalten

S. 127 Rolf Wilhelm Brednich: Die Maus im Jumbo-Jet, Beck'sche Reihe Nr. 435, Verlag C.H. Beck, München.

S. 132 Fragen an den Zwiebelfisch. Nach: http://www.spiegel.de/kultur/gesellschaft/0,1518,277663,00.html

S. 138/9 Darstellung aus: Markus Gsteiger, Andrea Schweizer: Systematische Übungsgrammatik. Klett und Balmer Verlag, Zug 2003

S. 140 Walter Krämer, Götz Trenkler: Das Beste aus dem Lexikon der populären Irrtümer. © Eichborn AG, Frankfurt a. M. 2000

S. 142 Peter Bichsel: Erklärung. Aus: Eigentlich möchte Frau Blum den Milchmann kennenlernen. © Suhrkamp Verlag 1993. S. 73

S. 143 Uwe Warnke. Aus: Poetische Sprachspiele. Vom Mittelalter bis zur Gegenwart. Reclam, 2002. S. 341

S. 144 Giuseppe Wüest: Hirnforscher Norbert Herschkowitz. Fördern heisst nicht überfordern. In: Zeitung im Espace Mittelland. 19. Juli 2004. S. 25

S. 146 Susanna Ellner: Mein Konto wuchs und wuchs. Aus: Tages-Anzeiger, 28. Juli 2004. S. 14

S. 147 Lukas Bärfuss: Der Schlüssel. In: Swiss made. Junge Literatur aus der deutschsprachigen Schweiz. Wagenbach 2001. S. 19

S. 151 Die Erfindung des Buches. Nach: Die Zeit, Nr. 47, 7. Oktober 2004. S. 57

S. 152/153 Die Gänsehaut. Nach: Marcus Rohwetter: 60 Sekunden für die Gänsehaut. In: Die Zeit, Nr. 34, 19. August 2004. S. 17

S. 154 Mani Matter: Dene wos guet geit. Aus: Ders.: Us emene lääre Gygechaschte. Berndeutsche Chansons. © 2003 by Ammann Verlag & Co., Zürich

S. 156/157 Fledermäuse – heimlich, aber nicht unheimlich. Aus: zooh magazin, Heft Nr. 1. Hrsg. Zoo Zürich, Zürich 2003. S. 5

S. 157/158 Alex Capus: Etwas sehr, sehr Schönes. In: Ders.: Eigermönchundjungfrau. Deutscher Taschenbuch Verlag, München 2004, S. 11–13 (Text bearbeitet)

S. 160 Janine Hosp: Es gibt keinen schöneren Ort als das Zuhause. In: Tages-Anzeiger, 30.09.2004

S. 168 Jacqueline Füllmann (aufgezeichnet von Niels Walter). Nach: Wie Gehörlose Lärm wahrnehmen. In: Tages-Anzeiger, 28. April 2004. S. 44

Bildnachweis

Umschlag oben: Corbis
Umschlag unten: Getty Images

S. 6	akg-images
S. 14	Keystone
S. 15	Yoshiko Kusano, Keystone, Bern
S. 21	oben: Getty Images; unten: Yoshiko Kusano, Keystone, Bern
S. 26	Yoshiko Kusano, Keystone, Bern
S. 28	Yoshiko Kusano, Keystone, Bern
S. 32	Bildagentur Baumann, Würenlingen
S. 37	oben: Les Editions Albert René/Goscinny-Uderzo; unten: picture-alliance (dpa), Frankfurt
S. 67	Getty Images
S. 68	Endoxon AG, Luzern
S. 70/71	Corbis
S. 86	Priska, Ayse: Fotosearch/PhotoDisc; Vincenzo: Das Fotoarchiv
S. 87	Corbis
S. 88/89	oben: Corbis; unten: Getty Images
S. 90	One to X (pixland)
S. 91	photothek.net/Grabowsky
S. 94	photonica
S. 99	Getty Images
S. 102	oben: akg-images; unten: Artothek, Weilheim
S. 103	© Pro Litteris, Zürich, 2005
S. 106	www.genny-russo.ch
S. 108	avenue Images (Index Stock/Feldman), Hamburg
S. 115	Getty Images
S. 120	Cinetext, Frankfurt
S. 129	Corbis (Souders), Düsseldorf
S. 133	Joker (Reiner F. Steussloff)
S. 151	Keystone
S. 156	Klett-Archiv (Tom Menzel), Stuttgart
S. 167	Corbis (Christie's Images), Düsseldorf

Autorenteam

Markus Gsteiger
Autor von «Erlebnis Sprache» und der «Systematischen Übungsgrammatik» (Klett und Balmer Verlag). Unterrichtet Deutsch, Geschichte und Kulturkunde an der Wirtschafts- und Kaderschule KV Bern, Abteilungen Kaufmännische Grundbildung, Berufsmaturität und Buchhandel.

Andrea Schweizer
Autorin der «Systematischen Übungsgrammatik» (Klett und Balmer Verlag). Tätigkeit als Gymnasiallehrerin in Schwyz. Unterrichtet an der Wirtschafts- und Kaderschule KV Bern in den Abteilungen Kaufmännische Grundbildung, Berufsmaturität und Buchhandel.

Fachdidaktischer Berater

Kurt Widmer
Dozent für Fachdidaktik am Institut für Lehrerinnen- und Lehrerbildung Bern Marzili (LLB). Leitet Kurse in der Erwachsenenbildung und hat Unterrichtserfahrung auf der Realstufe.

Begutachtung durch Berufsschulen

Roger Berchtold
lic. phil. I, dipl. Gymnasiallehrer, Fachvorsteher Deutsch, Mediator, Q-Verantwortlicher, Kaufmännische Berufsschule Brig.

Margrit Fritschi
lic. phil. I, Gymnasiallehrerin, Berufsschullehrerin, Fachverantwortliche Lokale Landessprache, BFS Winterthur.

Lehrwerksteile

Deutsch im Detail
Arbeitsbuch Band 1
ISBN 978-3-**264-83693**-6

Deutsch im Detail
Arbeitsbuch Band 2
ISBN 978-3-**264-83694**-3

Deutsch im Detail
Begleitband mit CD-ROM
zu 1 und 2 für die Lehrperson
ISBN 978-3-**264-83547**-2